Cybermobbing - Ein Opfer klagt an ...

Volkssport Cybermobbing

- Eine moderne und fast legale Form der „Zersetzung von Personen" -

Autor: R.-A. Wolfgang Krause, geb. in Spandau an der Havel bei Berlin,
u.a. Musiklehrer, Lehrbuchautor und lange nicht mehr 15 … aber trotzdem Opfer von Cybermobbing !

Impressum:

© 2015 R.-A. Wolfgang Krause
Umschlag, Illustration: R.-A. Wolfgang Krause
Lektorat, Korrektorat: N.N.
Übersetzung: N.N.

Verlag: Books on Demand GmbH - Germany

ISBN : 9783738604177

Printed in Germany

Alle Rechte vorbehalten, insbesondere das Recht auf Vervielfältigung und Verbreitung sowie Übersetzung. Kein Teil dieses Buches darf in irgendeiner Form ohne schriftliche Genehmigung des Verlags und den Autoren reproduziert werden oder unter Verwendung elektronischer Systeme verarbeitet, vervielfältigt oder verbreitet werden.

Anfragen auf Vorlesungen und Interviews bitte ausschließlich nur über Pear-Music IG unter 01805 – 662228 zustellen.

Inhaltsverzeichnis

Punkt	Titel	Seite
1	Einführung	4
1.1	Bei meiner Verlobten, ...	5
1.2	Ein weiterer sozialer Prozess, ...	7
1.3	Fakten und Zahlen	10
2	Der chronologische Verlauf	14
3	Der Rattenschwanz	143
3.1	Auf den Spuren Martin Luthers	145
3.2	Das Desinteresse in der "Gesell"schaft	148
3.3	Zu guter Letzt noch das	154
4	Auszug aus einem Hilfeschrei(ben)	155
5	Fazit	170
6	Opferhilfe (Tipps und Tricks)	173
7	Andere Formen von Cybercrime	177
8	Vorratsdatenspeicherung	178
9	Finger weg von (a)sozialen Netzwerken	184
10	Wieso, weshalb, warum ?	188
11	Der Nachspann	195

1. Einführung

In diesem Buch möchte ich über unsere grenzwertigen Erlebnisse mit dem Phänomen Cybermobbing berichten. Ich möchte unseren persönlichen Fall, in dem meine Verlobte und ich Opfer sind, u.a.a. chronologisch darstellen und kommentieren. Wenn man mir 2 Tage vor dem **26. März 2011** erzählt hätte, das wir so etwas mal erleben werden, hätte ich es nie geglaubt. Ich hätte nie geglaubt, das so etwas, in unserem sonst so gut funktionierenden Deutschland, möglich ist. Selbst wenn nach Abzug allem staatlichen Versagens, nur noch die Opferhilfe, oder überhaupt „nur" eine seelische und moralische Unterstützung übrig geblieben wäre, hätte ich nie gedacht, das uns diese ebenso, auf eine so eklatante und widerliche Art, versagt worden wäre ! Als Opfer waren wir nicht nur alleine. Wir haben von nirgendwo auch nur ein Fünkchen Hilfe erhalten. Im Gegenteil, wir sind in unserem Leid sogar noch belogen, betrogen und vorgeführt worden. Es gab ab und zu kleine Kerzen am Ende des dunklen Tunnels, aber auch diese haben sich alle als Luftblasen entpuppt. Entweder waren Wichtigtuer, Karrieristen und Spinner am Werk, oder man hat versucht als Trittbrettfahrer mitzufahren und noch einen oben aufzusetzen. Es gab sogar Menschen und Institutionen, die es, sagen wir mal gelinde ausdrückt, einfach nicht für nötig gehalten haben, etwas zu tun.

Was ist Cybermobbing, oder auch „Cyberbulling" genannt, überhaupt ? Es ist eine der sog. neuen Straftaten, die sich in der, von einigen Damen und Herren, so hoch geschätzten Anonymität des Internets, die für Staftaten eine enorme Sogwirkung bietet, entwickeln konnten. In diesem Dunkel gibt es nicht nur Waffenhandel, Kinderpornografie und Drogen, sondern z.B. auch Mobbing, Stalking, Betrug u.v.m. Das gemeine daran ist, das man die Täter kaum zurückverfolgen, bzw. kenntlich machen kann. Also technisch wäre das schon möglich, aber juristisch ist das nicht so einfach. Somit können kriminelle Personen, ganze Gruppen, oder auch Firmen und Institutionen durch Beleidigungen, Verleumdungen, üble Nachrede etc. in den Verruf bringen und fortführend, diese auch in den Ruin treiben, ohne dabei ertappt zu werden. Cybermobbing ist eine Realität, auch wenn sie immer noch nicht richtig wahrgenommen bzw. sogar verschwiegen wird. Aber Realität fordert Ihren Raum ! Die Auswirkungen von Raumforderung im Vergleich bei einem Gehirnödem sind beispielsweise epileptische Symptome. Ein Äquivalent zu dem, was auch, durch die Raumforderung der Realität, in unserer „Gesell"schaft passieren kann ...

1.1 Bei meiner Verlobten ...

… habe ich auch eine Plastik, die es deutlich macht, wie unsere staatlichen Organe versagen können. Ich hätte auch in diesem Fall - also bevor ich meine Verlobte kennengelernt habe - nie gedacht, das auch so etwas in Deutschland möglich ist. Vielleicht hätte ich es sogar für eine dieser typischen Hippie- und Kifferparanoia eingeschätzt. Falsch gedacht ! Ich bin absolut schockiert, wenn ich mir vorstelle, was diese junge Frau erleiden musste und vorallem wer, in welcher Situation und wie viele Bezugspersonen und Schutzbefohlene insgesamt, einfach nur zugesehen haben, oder es nicht bemerkt haben wollen. Unter anderem auch um die Umstände, in denen wir mit dem Cybermobbing lebten darzustellen, hier vorab und zum Verständnis unserer Situation eine kleine Zusammenfassung über meine Verlobte:

Mein Verlobte ist 1987 in Brandenburg zur Welt gekommen. Sie ist in einem kleinen, beschaulichen Ort bei Ihren leiblichen Eltern groß geworden und da auch zur Schule gegangen. Als wir uns kennenlernten, lebte Sie in der Nähe von Potsdam in einer sog. „betreuten" Wohngemeinschaft. Sie hatte zu dieser Zeit ein schweres, durch Misshandlung bedingtes Trauma mit deutlichen Borderline Symptomen gehabt. Meine Verlobte war schwer anorexisch, wog nur noch knapp unter 40 kg bei einer Körpergröße von ca. 163 cm. Sie war in einem psychisch äußerst instabilen Zustand. Die Blutbilder von damals waren entsprechend. Sie litt unter Depressionen mit selbstverletzendem Verhalten und war übermäßig suizidal. Dazu durchlebte sie auch sog. Derealisationszustände. Anscheinend ist dies durch frühkindliche Misshandlungen durch die Mutter begründet. Der Vater steht der Zeugen Jehova Sekte nahe und die sind ja dafür bekannt, das sie damit einen ganz „eigenen" Umgang pflegen. In diesem Zustand wurde sie aus dieser sog. „schützenden Einrichtung", in eine 4-Zimmerwohnung, gelegen im 5ten Stock einer Plattenbausiedlung in Potsdam, entlassen. Das Viertel wird auch „Klein-Vietnam" genannt. Die Betreuung endete bereits nach 14 Tagen und der Mietvertrag war auf 3 Monate befristet. Anschließend war sie sich dann selbst überlassen. Es hieß, sie sei nicht sozialisierbar gewesen. Wenn das nicht so tragisch wäre, würde ich darüber gerne laut lachen. Auf Ihrem Weg in die Heilung, ist sie darüber hinaus noch von einem Krankenpfleger einer nahe gelegenen Klinik, sexuell missbraucht worden und von dem selben Menschen auch von Tavor® (Lorazepam) abhängig gemacht worden. Nach Aussagen des Arztes, der hier den

Entzug geleitet hat, ist Tavor ein sog. Benzodiazepin und eines der schlimmsten Betäubungsmittel, die wir hier in Deutschland haben. Im Internet ist zu finden, das Tavor wohl auch als sog. „Knock-Out-Droge" verwendet wird. Es soll sogar Altenheime geben, in denen die Insassen diese Medikamente bekommen, damit sie still sind, wenn sie sich eingemacht haben ...

Nachdem ich über diesen Fall erfahren habe, habe ich sofort das zuständige Landesgesundheitsministerium informiert und habe die junge Frau zu mir geholt. Das Verfahren wurde dann an die entsprechende Staatsanwaltschaft weitergegeben, die es dann aber aus Mangel an Beweisen eingestellt haben. Die Beweise lagen unter anderem auf einer CD, die wir per Einschreiben an die Staatsanwaltschaft geschickt haben. Auf dieser CD waren u.a.a. Bilder und Videos von diesem Missbrauch. Die Staatsanwaltschaft behauptet, das die CD nie bei ihnen angekommen ist. Anscheinend arbeitet der mutmaßliche Täter immer noch in der selben Klinik.

In der Zeit, wo ich diese Zeilen hier schreibe – wir haben den 26. Februar 2015 - hat man in Oldenburg einen Krankenpfleger verurteilt, der Patienten in den Tod geschickt hat. Abgesehen davon, das ich mir auch in diesem Fall die Frage stelle, wie viel es von diesen Straftaten noch geben muss, hat sich die zuständige Staatsanwaltschaft auch nicht gleich bewegt und ist nur durch die Beharrlichkeit der Tochter eines Opfers, tätig geworden. Im Endeffekt hat man sich aber seitens der Ermittler dafür entschuldigt. Wir hoffen, das es in unserem Fall irgendwann wenigstens auch noch ein Ende dieser Art geben wird.

Ich habe in der Vergangenheit meiner Verlobten recherchiert. Ich habe mich mit Betreuern und Bezugspersonen unterhalten, die sie sogar noch aus der Kindheit kennen. Niemand, nicht Ihre Lehrerin und nicht mal die damals behandelnde Fachärztin für Kinderpsychiatrie und Neurologie, ist aufgefallen, das es hier deutliche Anzeichen von schwerem Kindesmissbrauch in „besonderer Form" gegeben haben muss. Wenn ein 7-8 Jahre altes Kind sich selber verletzt, in dem es sich die Augenbrauen zupft, oder ad hoc gegen eine Wand läuft, dazu nicht mal schreien kann, dann ist jeder schlecht ausgebildete Kindergärtner in der Lage zu erkennen, das wir es hier mit einem Missbrauchsfall zu tun haben. Warum nicht bei meiner Verlobten ?

Es wäre vom Kern meines Buches zu abweichend, wenn wir alles über das Versagen im Umgang mit meiner Verlobten berichten würden, aber ein separates Buch wäre Ihre Geschichte 1000 mal wert. Ich hoffe, sie wird eines Tages die Kraft dafür finden.

Was ich hier auch damit aufzeigen wollte ist, das ich hier mit einer schwerkranken jungen Frau zusammen war, als das Cybermobbing los ging. Sie brauchte Tag und Nacht Fürsorge und war wie ein wildes Tier was sich selbst zerfrisst. Sie hat nachts gegen Wände getreten, hat sich die Arme und Beine aufgeritzt, musste dieses widerliche Tavor nehmen, war Magersüchtig und weit von aller Logik und Vernunft entfernt ... Aber nicht einmal in dieser Situation hat sich irgendeiner gezeigt, der etwas bewegen konnte und wollte. Nicht mal, als wir bei denen gebettelt haben, die dafür Reklame machen anderen zu helfen ... Was wäre wohl gewesen, wenn Sie es durch das Cybermobbing, nicht überlebt hätte ? Vielen Dank, Deutschland !

1.2 Ein weiterer sozialer Prozess, ...

... kommt bei diesem perfiden Krieg erschwerend hinzu: „Gebt dem Volk Brot, dann ist es ruhig", war schon im alten Rom ein Mittel um gewisse Missstände zu verschleiern. Heute haben wir dafür Mittel wie z.B. „Sensationsgeil-TV", die für eine ausreichend verdummende und verzerrende Unterhaltung sorgen und u.a.a. so tun, als wenn sie Opfern, oder verarmten Menschen uneigennützig helfen wollen. Wir haben auf den Schulen „G8", bei dem führende Gehirnforscher ebenso vor Verdummung warnen (*siehe Dr. Dr. Manfred Spitzer u.a.*). Um Förderschulen zu schließen und Geld zu sparen, haben wir auf den Mittelschulen und Gymnasien auf einmal sog. „I-Kinder". Das sind Kinder die man bis dato in Förderschulen untergebracht hat, weil sie z.B. geistig behindert sind. Was mit denen passiert, wenn sie in die Pubertät (*Identität + Ablehnung gg. Identitätsdiffusion [Aussiebungsphase]*) gelangen wird absurd werden. Ich prognostiziere, das die betroffenen Kinder durch Ihre, in der Pubertät manifestierte Aussenseiterstellung, es sehr schwer haben werden, in der Gesellschaft und im Leben Fuß zu fassen und das wird lange nicht alles sein. Zumindest wird ein großer Entwicklungsschaden davon zurückbleiben. Alleine der Begriff „I-Kind" spricht schon Bände. Ein Kind ist niemals „I" und, Kinder verstehen keine Doppeldeutigkeiten. Wie wird dieses

„I" dann von Kindern emotional zugeordnet. Diese Form der Inklusion ist somit kontraindiziert. Wir lesen dazu noch die Blödzeitung. Last not Least wird sich der Rest doof „goggeln" und das letzte Stück Restgehirn auch noch auf irgendwelchen Festplatten auslagern. Aber wir fahren ja noch nach Schiggi-Bizza und unsere Autos haben einen Stern. Wir fressen McDoofelz Chemiepampe mit aufgerührtem Kuhpulver (*es wurde in Tierversuchen nachgewiesen, das sich das Gehirn durch den Verzehr dieser Chemiepampe pathologisch dem eines Kokainabhängigen ähnelt*). Jeder hat ein Handy mit Internet. Ja und wie wichtig wir damit sind. An diesen Prestigeobjekten messen wir sogar schon menschliche Werte. Aber damit sind wir ja schließlich glücklich und das ist doch letztendlich nur wichtig … Entschuldigung für diese Ironie, aber ich frage mich, was ist das alles ? Was tun wir da ? Ein dummes Volk regiert sich besser ? Oder, ein dummes Volk kriegt nicht mit, wie es sich von alleine ausdünnt und zerfrisst ? Eine heftige Hypothese, oder ? Ich hoffe, das ich mich hiermit schwer täusche, aber nachdem was ich hier erlebt und gesehen habe, fällt es mir schwer an das Gute zu glauben.

Man verdirbt einen Jüngling am sichersten, wenn man ihn verleitet, den Gleichdenkenden höher zu achten als den Andersdenkenden. Friedrich Nietzsche, dt. Philosoph

Ich frage mich, welche Waffe, von denen, die gegen uns gerichtet sind, die gefährlichere ist ? Die Art und Weise, wie man uns hier ganz perfide und lässi-fair entmündigt und wir unseren Allerwertesten realitätsdefizitär im warmen, weichen Sumpf des Konsums halten können, bis wir völlig bewegungsresistent und debil darin verrecken, … die semi-kriminelle Bereitstellung des Internets an sich, … unsere Schulen, … das Abtrainieren des Kommunikationsvermögens durch Frotzenbug & Co., … oder doch die Nazis, … die Salafisten, … die Kommunisten, … Zeugen Jehovas, … die Russen, … die sog. „Ausländer"*), etc. und was es sonst noch so gibt ? Alles Kräfte, gegen die wir uns dann nicht mehr wehren können, wenn nicht bald entscheidendes getan wird …

Jeder, der mit diesen sog „neuen Straftaten" wie Cybercrime etc. nicht unmittelbar zu tun hatte, wird sie vielleicht nicht verstehen und wird somit auch nicht großartig berührt sein. Das liegt nicht nur anteilig an der Natur des Menschen, sondern im besonderen am Wir-Defizit in der deutschen Mentalität. Oder, man ist vielleicht auch selbst Täter und heuchelt Ignoranz, lacht sich vielleicht noch eins ins Fäustchen und versteht gar nicht, was die anderen damit überhaupt meinen ? Nein, es ist nicht alles grundsätzlich böse, aber die deutschen hängen voll mit Problemen. So derartig perfide, das man es gar nicht mehr wahrnehmen kann, aber so heftig, das man schon abspaltet und verdrängt ... In welcher Rangordnung, steht da das Cybermobbing ?

"Ein Urteil lässt sich widerlegen, aber niemals ein Vorurteil" Marie Ebner-Eschenbach

*) = Der Begriff Ausländer wird in unserem Sprachgebrauch vornehmlich für Menschen mit südeuropäischen, arabischen, afrikanischen oder teils asiatischen Wurzeln verwendet, die ein Randgruppendasein fristen und deren Sozialisation dadurch bedingt, eher mäßig ist. Beispielsweise Dänen, Holländer, Österreicher, Engländer, Franzosen, Amerikaner gelten komischer Weise von diesem „Schimpfwort" als befreit, obwohl diese ja im eigentlichen Sinne auch Ausländer sind...

1.3 Zahlen und Fakten:

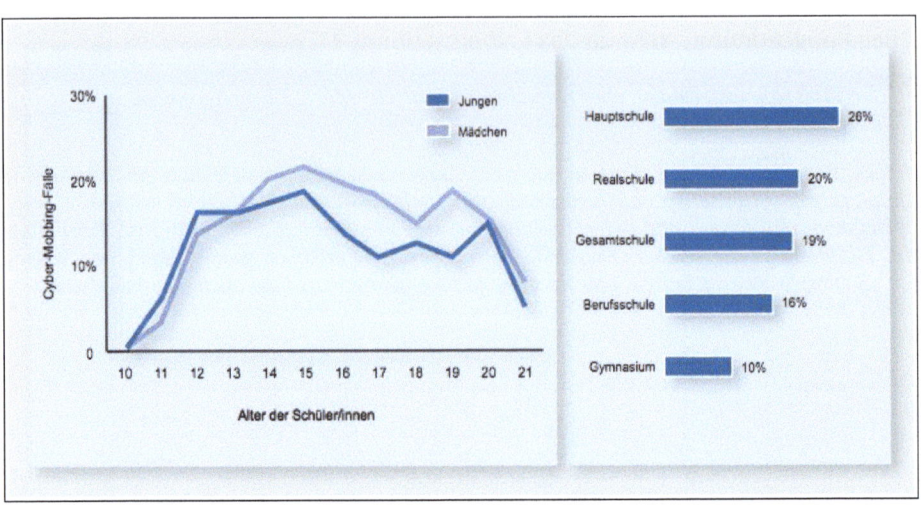

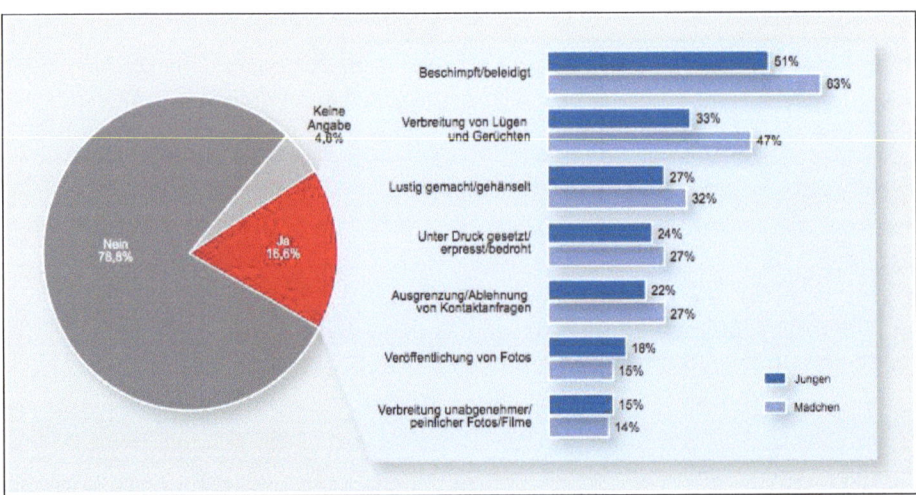

(Quelle: DIVSI – Deutsches Institut für Vertrauen und Sicherheit im Internet, Stand: Dezember 2013, https://www.divsi.de/cyber-mobbing-wer-schuetzt-die-kinder)

In Deutschland ist jeder 3te in der Altersklasse 15-18 Opfer von Cybermobbing geworden und jeder 3te deutsche allen Altersklassen Opfer von Cybercrime. Ich frage mich wie viele „Amanda Todds" muss es noch geben, bevor man dem Schwachsinn endlich Herr werden will. Was muss noch passieren ? Denn die Lösung für das Problem ist nach der Ansicht der Ermittler, die an meinem Fall gearbeitet haben, ganz einfach: Eine Vorratsdatenspeicherung, in welcher Form auch immer. Ich kann nicht sagen, ob das richtig ist, aber das muss ja erstmal wieder gleich ausgebremst werden. Schließlich muss es ja auch hier einen Haufen von Gegnern geben, die über Ihren karrieristischen Tellerrand nicht hinwegsehen können, weil man dann ja nicht über sie sprechen würde.

Bei allem was ich in meiner Jugend an Verwerflichkeiten gesehen und selber erlitten habe, muss ich immer wieder feststellen, wie dankbar ich bin, selber keine Kinder haben zu müssen, die mit den Problemen wie Internet, oder der staatlich verordneten Zwangsverdummung in Schulen, zu tun haben. Abgesehen davon, das ich schon ein großes Problem mit „Boulemielernen" und anderen Kontrukten der „schwarzen Pädagogik" unseres Schulsystems hätte, weiß ich nicht, wie es mich innerlich zerreißen würde, wenn mein Kind Opfer von Internetattacken und ebenso ohne Hilfe wäre wie es z.B. in den Werken von Sylvia Hamacher (*Tatort Schule, etc.*) beschrieben ist .

Wenn ich z.B. sehe, wie leichtsinnig Kinder und Jugendliche Ihre Intimitäten im Internet zur Schau stellen und was der Rattenschwanz davon ist, dann bin ich ebenso heil froh, das ich diese unberechenbare und hinterlistige Form von Vernichtung in meiner Jugend nicht hatte. Natürlich gab es auch schon in meiner Jugend Kriminalität, Mobbing und sogar auch einen Kinderstrich – Christiane F., oder „Wir Kinder vom Bahnhof Zoo" – was die Sache nicht unbedingt besser macht, aber der Unterschied liegt darin, das diese Kinder i.d.R. psychisch defizitär, desozialisiert, oder schon Drogenabhängig waren, was insofern zwar auch nicht „besser" ist, aber eine psychoanalytisch verständliche Struktur aufweist. Heute aber, sieht man solche Strukturen bei Jugendlichen, egal welcher psychischen und sozialen Entwicklung. Es geht nur noch um den Kick. Das Internet bietet da die besten Möglichkeiten. Immer öfter kommt auch in den Nachrichten, das völlig unauffällige und „normal" entwickelte Jugendliche, von zu Hause weglaufen und sich dem sog. „Islamischen Staat" anschließen. Verdammt, was ist da mit denen los ? Merkt denn kleiner in was für eine Gefahr diese jungen Menschen da sind, oder das wir da einer sehr bösen Sachen entgegen steuern, oder will man es vielleicht gar nicht merken ? Wo kann das hinführen und was ist der Rattenschwanz ? Die Sache ist so offensichtlich, das man sich fragen muss, warum nicht endlich konsequent was geschieht !? Die meisten Anwerbungen für den „IS" werden übrigens über sog. „soziale" Netzwerke getätigt. Da wo die Daten an gewisse Geheimdienste weitergeleitet werden und wo jeder Mist von uns gespeichert wird. Wie steht das im Verhältnis, das polizeiliche Ermittlungen da nicht drauf zugreifen können, oder dürfen ? Klare Strukturen, sowie Schutz- und Vorsichtsmaßnahmen für das Internet, sind zumindest für mich somit nötiger den jeh.

Das Konstrukt Mobbing hingegen, ist so alt wie die Menschheit an sich. Es ist auf Dauer nur perfektioniert worden. Schauen Sie sich die alten Griechen an: „Ostrakismos", das Scherbengericht, oder auch „Petalismos". Auf Scherben wurden Namen eingeritzt, von den Personen, die für eine gewisse Zeit verbannt werden sollten. Man beachte auch das Phänomen „Shitstorm", der bis in die Politik hinein Folgen haben kann. Auch hier bildet die Anonymität im Internet, den besten Nährboden für Straftaten und andere Verwerflichkeiten dieser Form, weil die Täter Ihr Gesicht nicht zeigen brauchen und somit unerkannt Menschen bis in den Tod denunzieren können. Nun kommen irgendwelche Politprimaten und meinen, über den Suizid eines in den Tod gemobbten 13jährigen Jungen fast wortgetreu: „ … der Tod des Kindes ist natürlich bedauerlich, aber die Freiheit im Internet anonym seine politische Meinung sagen zu dürfen, ist wesentlich wichtiger …" *) Das soll einfach nur eine Meinung sein ? Ich muss nicht erwähnen, wie schlecht mir auf diese Äußerung wird. Aber trotz alledem, wollen wir uns nicht langsam mal entwickeln und es bitte nicht mehr den animalischen Instinkten irgendwelcher Gehirnanwärter gleich tun ? Ich finde es wird Zeit, … Frei nach einem Reklameslogan einer großen Computer- und Internetfirma: „Machen wir doch die Erde etwas friedlicher".

Ich möchte Ihnen hier nun chronologisch aufzeigen, wie mein Cybermobbingfall verlaufen ist und was quasi in unserem sonst so friedlichen Deutschland möglich ist, oder hoffentlich bald war, um einen Menschen zu zersetzen. Sicher wird es auch wieder Menschen geben, die mit dem was ich hier schreibe nicht einverstanden sind. Vielleicht sogar zu recht, weil es ja z.B. sein kann, das Täter dadurch lernen können, oder man vielleicht selber ein Täter ist, der sein Spiegelbild erkennt. Aber sollen wir nur noch kopfnicken, kriechen und uns alles ohne

Kommentar gefallen lassen, bzw in uns reinfressen ? Nö, ich nicht ! Ich sehe hier die Chance, etwas wach zu rütteln und vielleicht sogar einige Menschen damit zu retten. Zumindest ist es auch wieder ein Stück weit das Gift heraus schreien, was mir hier injiziert wurde.

Zu meinen bildlichen Darstellungen werde ich Kommentare schreiben. Tipps für Opfer und Leidensgenossen, werde ich in einem eigenen Kapitel niederschreiben !

Ach ja, bevor ich es vergesse: Natürlich müssen wir ja in Deutschland darauf achten, das gewisse Personen geschützt werden müssen. Was für eine Ironie, wenn es klar wäre, wer sich hinter gewissen Straftaten verbergen könnte (*Als wenn diese feigen Psychopathen durch die Anonymität im Internet nicht schon genug geschützt sind*). Aber in diesem Fall hat es doch tatsächlich noch fokussierend einen anderen Grund. Da ich ab und zu mal wieder das Glück habe, das die Staatsanwaltschaft die Ermittlungen wieder aufnimmt, möchte ich diese auf keinen Fall behindern. Es ist sehr kompliziert, diesen Fall so darzustellen, das natürlich nichts verdreht wird und gleichzeitig aber niemand zu Schaden kommt, der es nicht verdient hat und vorallem das, wie oben beschrieben, die Ermittlungen nicht gestört werden !

Ich versichere zur Not auch an Eides statt, das hier alle gemachten Angaben der Wahrheit entsprechen und nach bestem Wissen und Gewissen niedergeschrieben wurden ! Sollten sich zwischenzeitlich, also während und nach der Veröffentlichung dieses Buches andere, oder ggf. auch noch weitere Sachen ergeben, werde ich entsprechend reagieren.

) Ich habe diese Szene noch lange auf einer Videoplattform gefunden. Aber auf einmal ist nur noch der Rest der Sendung dort zu sehen ... :-/ Was das wohl für einen Grund hat ?

Der chronologische Verlauf

26. März 2011 - 2. Juli 2015

Samstag, 26. März 2011

- **Bedrohung Nr. 1 kommt über eine Mail in einem „sozialen" Netzwerk bei mir an**.

Da wir nach telefonischer Auskunft der Polizei entweder in die nächste Kreisstadt hätten fahren müssen, oder auf den kommenden Montag hätten warten müssen, entschieden wir uns lieber für den kommenden Montag. Ich nahm diese Bedrohung zunächst eh nicht so ernst und hätte auch nie gedacht, was das noch für ein Theater werden könnte. (*Siehe Abbildung 1*)

Abbildung 1

Montag, 28. März 2011

- **Strafanzeige gegen unbekannt gestellt**

gegen unbekannt auf der hiesigen Polizeiwache. Man sagte uns, das man die Täter so in 2-3 Tagen hätte ...

Sonntag, 10. April 2011

- Weitere Bedrohungen über **ein "soziales" Netzwerk**

    1) Auf **Abbildung 2** ist unten ein lateinischer Vers verfasst. *These: Könnte das ein Hinweis auf eine höhere Ausbildung sein ? (Unter den Waffen, schweigen die Gesetze)*

    2) Auf **Abbildung 6** wird mit den Fingern Jehovas gedroht. *These: Könnten die Täter gewusst haben, das meine Freundin, bei den Zeugen Jehovas aufgewachsen ist ?*

    3) Ein **Matthias Bär** ist in der Nachbarschaft aufgewachsen und die Eltern haben hier auch noch bis vor ein paar Jahren gewohnt. Wir können mit absoluter Sicherheit davon ausgehen, das diese Menschen nichts mit so einer Straftat auch nur im Geringsten zu haben. *These: Haben die Täter Kenntnis von meinem Umfeld ?*

Bei allen 3 Punkten fällt hier der Tatverdacht für mich zunächst auf den bereits als tatverdächtig benannten Herrn „A".

Wir wurden auf der zuständigen Wache durch eine sehr freundliche Polizistin betreut. Diese kümmerte sich zunächst sehr fürsorglich um uns. Später, kurz nach der Vernehmung einer weiteren tatverdächtigen Person, wurde der Fall dann „abgeben". Nach dieser Vernehmung wurde mir gesagt, das ich mich von nun ab bitte an die Staatsanwaltschaft direkt wenden sollte. Die örtliche Polizei könne mir da nicht weiterhelfen (s.w.u.).

Ich habe bei einer späteren Akteneinsicht, Kenntnis über diese Vernehmung bekommen können. Wenn ich mir vorstelle, was die Ermittlungsbehörden zum Anlass genommen haben könnten, um an MEINER Glaubwürdigkeit zu zweifeln, wird mir heute noch speiübel ! Darüberhinaus schreit es nach einer Erklärung und vielleicht auch nach einer Entschuldigung.

Auf der **Abbildung 6** ist zu lesen: „Weißt du was RGX ist ?"

Es ist ein hochbrisanter und giftiger Sprengstoff. Nach Kenntnis dieser Mail, habe ich auf der zuständigen Polizeiwache niemanden mehr erreicht und habe deshalb bei der Notrufnummer „110" angerufen. Als ich mein Problem vorgetragen hatte, reagierte man mit lachender Stimme: „Na was meinen Sie denn, was wir jetzt für Sie machen können, Herr Krause ?" Toll ! Soll ich beim Bäcker anrufen, oder bei der Kirche ? Natürlich, die Polizei kommt erst, wenn was passiert ist und es gibt Regeln und Vorschriften an die wir uns alle halten müssen, egal was da gerade ist und wie untröstlich es auch klingt. Aber diese Reaktion, lässt doch einige Zweifel offen. Es ist mir klar, das Polizisten keine Seelsorger sein können und erst recht keine Psychotherapeuten, aber einen angemessenen Umgang mit traumatisierten Menschen, die vielleicht auch in dem Moment starke Angstzustände und Blockaden haben können, möchte ich voraussetzen !

Ich habe mich daraufhin beim Innenministerium des Landes beschwert. Das Ergebnis war ernüchternd !

Es wird auch immer wieder behauptet, das man mich beobachtet. Na und ? Sollen Sie doch. Dann merkt dieses kranke Gesindel wenigstens nicht, das man hinter Ihnen steht und sie am Schlawitchen packt !

Cybermobbing - Ein Opfer klagt an ...

| Zurück zu Nachrichten | Als ungelesen markieren | Spam melden | Lösche |

Zwischen dir und Matthias Bär

Matthias Bär 10. April um 15:07 melden

Wie dämlich bist du eigentlich?
Glaubst du wirklich wir beobachten dich nicht?

-

Wir fahren hinter dir, wir lächeln dich an, wir grüßen dich...
... und du merkst nicht einmal.

Weißt du denn nicht das deine Lebensfrist abläuft?
Wie lange sie ist wird nich verraten.
Es könten Wochen, Tage oder vielleicht auch nur noch Stunden sein.

-

Aber sobald sie abgelaufen ist kommt es nur noch darauf an wer von uns schneller ist.
Ein paar von uns möchten dich Tod sehen und wollen dir deine dreckige Pädophielenkehle durchschneiden.

Aber:
Der größte Teil von uns hat sich darauf geeinigt dich am "Leben" zu lassen.
Wir werden dir nur deinen Schwanz abschneiden, deine Finger brechen und Stück für Stück abhacken, deine Ellenbogen und Knie zertrümmern, deine Netzhaut verbrennen, deine Ohren aufbohren und deine Zunge 4-Teilen.

-

VERSCHWINDE AUS UNSEREM SCHÖNEN WAHLSTEDT
AM BESTEN SOGAR AUS UNSEREM LAND DU DRECKIGER KINDERSCHÄNDER

- Achja bevor wir es vergessen, auf ein Bild auf unserer Seite verzichten wir, da du uns schon kennst.

INTER ARMA ENIM SILENT LEGES

Abbildung 2

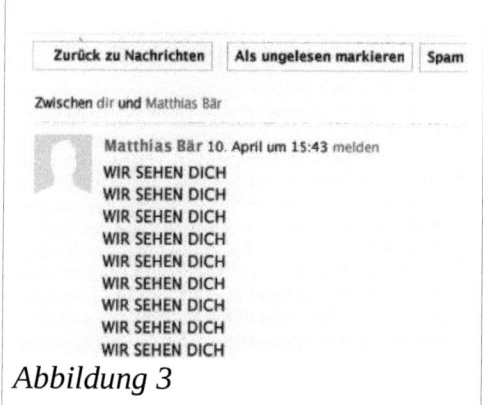

Abbildung 3

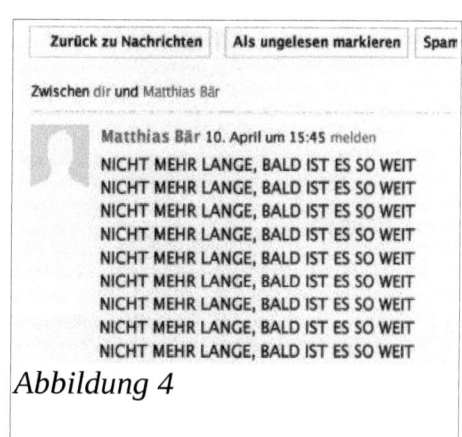

Abbildung 4

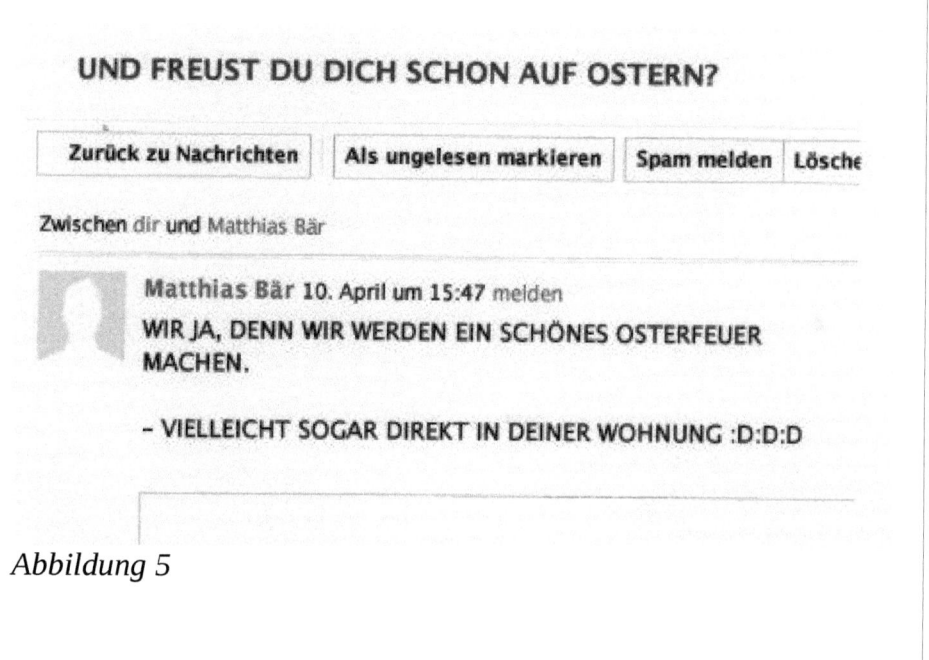

Abbildung 5

An Alle die sich angesprochen fühlen...

Zurück zu Nachrichten | Als ungelesen markieren | Spam melden | Lösche

Zwischen Matthias Bär und dir

Lyn-Shiva Krause 10. April um 19:29

Ich bin die Frau von Ralf-Axel Krause!
Ich frage mich echt, was dieser Schwachsinn ihrerseits soll...
Meinen Sie Lügen zu müssen und meinen Mann in Verruf bringen zu wollen um ihn damit zu schädigen?
Wenn ihre Attacken darauf hinausgehen, das Sie denken, das ich 16 oder jünger bin, dann liegen Sie falsch, denn ich bin 23!!!
Sie haben keine Beweise und wollen meinen Mann töten?
Lassen Sie MEINEN Mann in Ruhe und gehen Sie ihrer Wege!!!

Matthias Bär 12. April um 18:02 melden

Nicht ich, ich gehöre zu dem Teil der Gruppe die ihn "Leben" lassen werden (natürlich entsprechend zugerichtet).
Nur der kleinere Teil (von 7Personen) will ihn krepieren sehen.

Achja, nur zur Info, kleines, ich bin nur der Nachrichtenüberbringer
- sei froh das es soetwas überhaupt noch gibt. denn sonst wüsste dein "MANN" ja überhaupt nicht warum ihm "die Finger Jehovas" etwas antun.

Ich hoffe dein "Männchen" kontrolliert regelmäßig sein Auto - wär doch zu schade wenn er eines Tages beim fahren die Reifen verliert oder sonst irgentwas passiert.
Sag mal, weißt du eigentlich was RDX ist?

Anhängen: | Antworte

Abbildung 6

Samstag, 16. April 2011

- Weitere Bedrohungen über **ein "soziales" Netzwerk**

von einem **Alex Briest**. Ich selber konnte nicht ermitteln, ob es diese Person real gegeben hat. Frage mich, ob die Ermittlungsbehörden was in diese Richtung getan haben ? Im weiteren Verlauf haben die Täter ständig gefälschte Identitäten benutzt. Teilweise sogar in sehr lächerlicher Form.

Abbildung 7: Hier wird von den Tätern zum ersten mal erwähnt, das ich ein 12jähriges Mädchen missbraucht haben soll.

Die absurde Form der hier geäußerten Gewalt, könnte meines Erachtens nach für eine Täteranalyse relevant werden. Ist so etwas überhaupt schon mal gemacht worden ? Ich meine, mit einem Kriminalpsychologen, oder mit einem Kriminologen ?

Was im Übrigen die Grammatik betrifft, muss ich in diesem Falle, die weiter oben in Betracht gezogene, „höhere Bildung", einstweilen revidieren.

Der vorab beschriebene Tatverdächtige „A", könnte auch hiermit in Verbindung gebracht werden. Seine psychische und soziale Entwicklung – die ich später der Polizei beschrieben habe - könnte ein Grundstein für eine schizoide Persönlichkeitsform sein, die wiederum von Empathie- und Beziehungsdefiziten gezeichnet ist. Diese Person wird im späteren Verlauf noch extrem auffallend als Täter in Frage kommen.

Cybermobbing - Ein Opfer klagt an ...

ERINNERUNG

| Zurück zu Nachrichten | Als ungelesen markieren | Spam melden | Lösche |

Zwischen dir und Alex Briest

 Alex Briest 16. April um 13:30 melden

Kannst du dich noch an damals erinnern? SIE kann es jedenfalls nicht vergessen, dass DU SIE damals Missbraucht hast. SIE erinnert sich noch sehr gut an DICH. Denn SIE hat sich damals IHRE ZUNGE ABGEBISSEN weil DU Sie gezwungen hast IHR einen zu B..... und Sie hat sich FINGER ABGEHACKT weil sie dich berühren musste.

Aber zugeben wirst du es ja nie, ODER?

SIE war damals 12 Jahre alt.
Und du, du Nachgeburt von einer Drogenabhängigen gefickten Hure, hast ihr was von einer schönen Zukunft erzählt und sie dann EISKALT MISSBRAUCHT.

Wegen DIR hat SIE bereits >>mehr als dreißig<< SUIZIDVERSUCHE hinter sich und IHR >>ganzer Körper<< ist übersäht von NARBEN.

Für dieses verbrechen werden wir DIR mehr als nur Schmerzen zufügen.
ABER umbringen werden wir dich vielleicht nicht (jedenfalls nicht bei unseren "Besuchen"), denn den wunsch zu sterben werden wir DIR erst nach einer ganzen weile gestatten.

Wir werden DIR die Augen ausbrennen; deine Fingen brechen und dann Stück für Stück abhacken, sie schön pürieren und dir dann zu fressen geben.
Du brauchst deinen DRECKIGEN SCHWANZ noch?
Ohh, wie schade. Wir haben uns dazu entschlossen ihn mit schnelltrockenen Zement zu umhüllen und dich dann schön mit getränken abzufüllen.
Na, was glaubst du was passiert wenn die Pisse nicht heraus kann?
Deine ZUNGE werden wir schön spalten.

ABER KEINE SORGEN, WIR WERDEN DANN SCHON EINEN RETTUNGSWAGEN FÜR DICH RUFEN. WIR WOLLEN JA NICHT DAS DU STIRBST (NOCH NICHT JEDENFALLS).

Bevor wir es vergessen. Damit sich deine DRECKIGEN GENE und dein DRECKIGES BLUT sich nicht verbreitet. werden natürlich auch deine Kinder ...

Chat (0)

Abbildung 7 (weiter bei 7a)

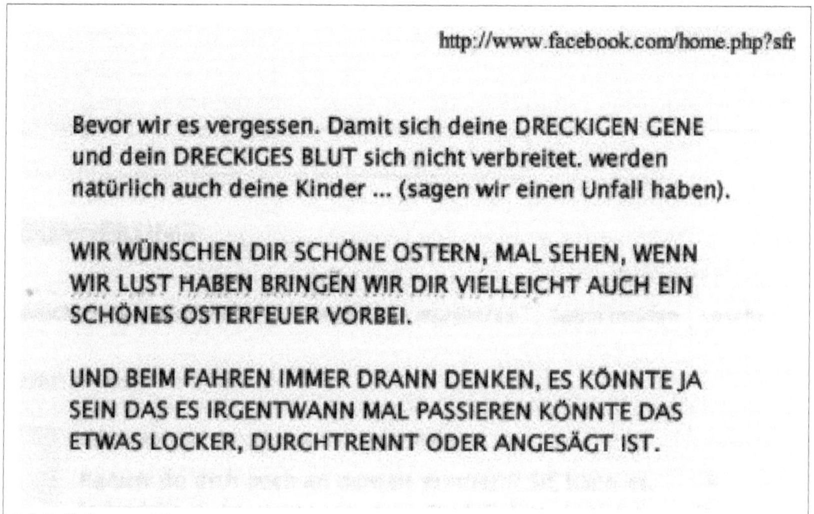

> http://www.facebook.com/home.php?sfr
>
> Bevor wir es vergessen. Damit sich deine DRECKIGEN GENE und dein DRECKIGES BLUT sich nicht verbreitet. werden natürlich auch deine Kinder ... (sagen wir einen Unfall haben).
>
> WIR WÜNSCHEN DIR SCHÖNE OSTERN, MAL SEHEN, WENN WIR LUST HABEN BRINGEN WIR DIR VIELLEICHT AUCH EIN SCHÖNES OSTERFEUER VORBEI.
>
> UND BEIM FAHREN IMMER DRANN DENKEN, ES KÖNNTE JA SEIN DAS ES IRGENTWANN MAL PASSIEREN KÖNNTE DAS ETWAS LOCKER, DURCHTRENNT ODER ANGESÄGT IST.

Abbildung 7a

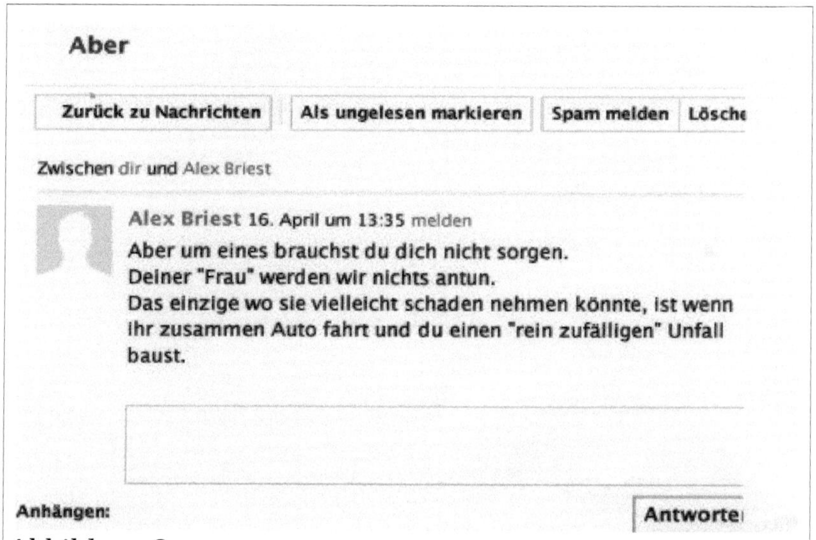

> **Aber**
>
> Zurück zu Nachrichten | Als ungelesen markieren | Spam melden | Lösche
>
> Zwischen dir und Alex Briest
>
> Alex Briest 16. April um 13:35 melden
> Aber um eines brauchst du dich nicht sorgen.
> Deiner "Frau" werden wir nichts antun.
> Das einzige wo sie vielleicht schaden nehmen könnte, ist wenn ihr zusammen Auto fahrt und du einen "rein zufälligen" Unfall baust.
>
> Anhängen: | Antworte

Abbildung 8

Sonntag, 17. April 2011

- Weitere Bedrohungen über **ein "soziales" Netzwerk** von einem **Alex Briest**.

Ein Mensch der so heißt ist, wie gesagt, weder mir noch meiner Verlobten jemals bekannt gewesen. Aber so ist es eben im Internet, mit der Identitätsverschleierung … ! Ein Hohn, wenn man diese Verhaltensweisen im kriminellen Bezug mit „Recht auf Freiheit" verwässern will.

Erlauben Sie mir die Frage, was die Leitung eines sog. „sozialen" Netzwerkes für ein Empathievermögen und Skrupel hat, wenn er in seinem „Laden" so eine Form des Umgangs duldet, oder sogar durch Unterlassung fördert ? Wo wäre er, wenn es seinen Lieben so ergehen würde ? Warum die Frage ? Siehe weiter unten.

Abbildung 8

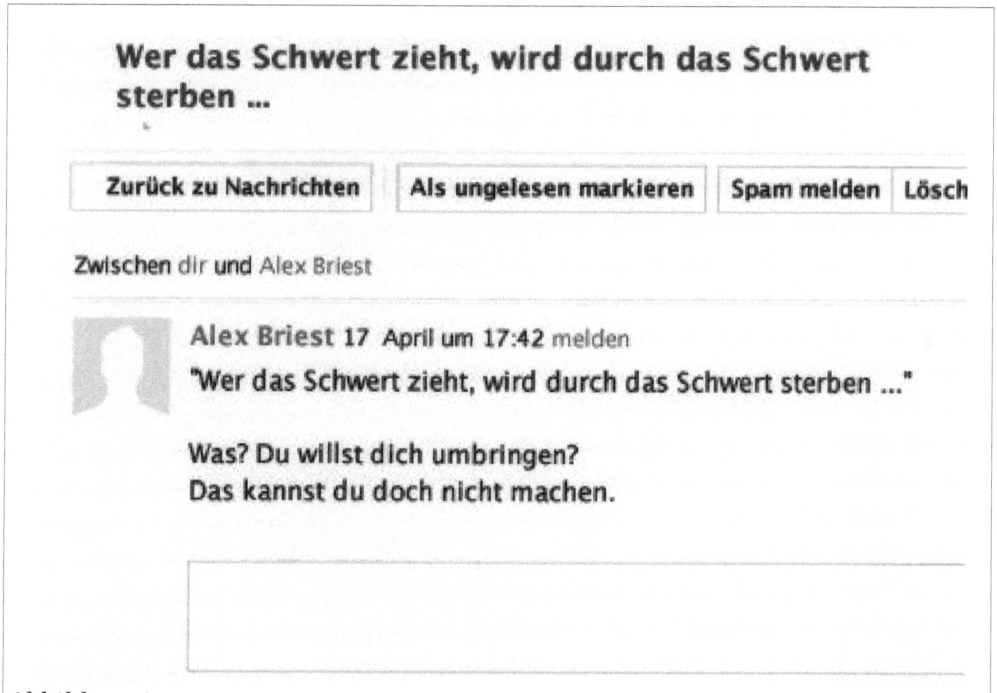

> **Wer das Schwert zieht, wird durch das Schwert sterben ...**
>
> Zurück zu Nachrichten | Als ungelesen markieren | Spam melden | Lösch
>
> Zwischen dir und Alex Briest
>
> **Alex Briest** 17 April um 17:42 melden
> "Wer das Schwert zieht, wird durch das Schwert sterben ..."
>
> Was? Du willst dich umbringen?
> Das kannst du doch nicht machen.

Abbildung 9

Montag, 18. April 2011

- Weitere Bedrohungen über **ein "soziales" Netzwerk**

Auf **Abbildung 10** wird deutlich der alte Vorname meiner Verlobten erwähnt. Meine Freundin reagiert darauf mit heftigen psychopathologischen Reaktionen (selbstverletzendem Verhalten, Suizid ...), somit musste auch Ihr Vorname geändert werden. *Frage: Warum ist das hier so provozierend erwähnt worden ? Wer konnte davon Kenntnis haben ? Steht davon was in den Ermittlungsakten ?*

Eine Chance die wir DIR geben!!!!!!!!!!

| Zurück zu Nachrichten | Als ungelesen markieren | Spam melden | Lösche |

:wischen dir und Alex Briest

Alex Briest 18. April um 17:40 melden

Wir haben uns heute zusammengesetzt und beraten.

Und wir haben uns entschieden, dass Du uns etwas erklären sollst.

Wenn Du, wie du behauptest, kein Kinderficker bist, dann erkläre uns mal WARUM (Person X) es DIR dann vorwirft und warum SIE sich so viel angetan hat und warum sie so voller Hass ist wenn sie ein Bild von DIR sieht.

(Von DEINER Antwort könnte DEINE, die Deiner Nachkommen und LINDA's Zukunft abhängen)

Abbildung 10

Mittwoch, 20. April 2011

- Weitere Bedrohungen über **ein "soziales" Netzwerk**

Hier wird erwähnt, das ich vor 17 Jahren ein 12-jähriges Mädchen missbraucht haben soll.

These: Dies könnte eine Symbolik für eine bestimmte Person sein. Diese Person habe ich zu dem Zeitpunkt vor 17 Jahren kennengelernt und sie ist 12 Jahre jünger als ich ...

Es muss ja nicht heißen, das diese Person dann auch der Urheber dieser Bedrohungen und Beleidigungen sein muss, aber als ein Hinweis auf eine Kenntnis in mein Privatleben, geht das doch mindestens durch, oder ?

Immer wieder taucht der Name „Linda" auf. Dies ist, wie bereits beschrieben, der alte Vorname, meiner Verlobten. Wer wusste davon ?

Ziemlich genau nach 1 ½ Jahren rief mich Jemand aus Berlin an und fragte mich hämisch und aufdringlich, wie es mir denn so gehen würde. Warum ich mich nicht melde und man hätte mir ja schon so viele Mails geschrieben und ich würde nicht reagieren. Als ich diese *hohle* Person auf den Inhalt der Mails ansprach, kam nur der Satz „na du weißt schon" ...

Hypothese: Die Person die mich anrief, ist von einer äußerst penetranten Form der Histrionie geprägt. Aus dieser Sichtweise könnte man doch vielleicht annehmen, das diese Person etwas bestimmtes – meist, bei Histrionikern eine perfide Kleinigkeit - zum Anlass genommen haben könnte, um so grenzdebil-hassend zu reagieren, oder !?!

Och gotchen, wie süß.

| Zurück zu Nachrichten | Als ungelesen markieren | Spam melden | Lösche |

Zwischen dir und Alex Briest

 Alex Briest 20. April um 20:26 melden

Och gotchen, wie süß von dir. Machst du etwa schon ein Video um später sehen zu können wie du ausgesehen hast, bevor wir dich "bearbeitet" haben? Ach warte, stimmt das kannst du dann ja nicht mehr sehen (mit verbrannten Augen).
Und was für eine schöne Kerze – ein andenken an deine (noch) Unversehrtheit und Lyn?

Aber sag an, warum Erzählst du Lyn nicht was du vor 17 Jahren mit der 12jährigen Linda Mxxxxx getan hast?

Denn immerhin haben Linda Mxxxxx und Lyn einige gemeinsamkeiten.
(Wahrscheinlich hast du Lyn auch nur deswegen ausgewählt, weil sie mit Linda ähnlichkeiten hat und weil du Lyn natürlich ganz offiziel und legal durchficken kannst, da Sie ja über 18 ist).

PS: Deine "Lebenszeit nimmt mit jeder Sekunde ab.
Du willst wissen wie lang sie noch ist?
Naja,
vielleicht 1,2 Jahre
oder vielleicht nur noch wenige Monate
oder möglicherweise noch ein paar Wochen,
vielleicht aber auch nur noch wenige Tage
oder kommen wir dich sogar schon in wenigen Stunden abholen?

Sagen werden wir dir das nicht.
Na, magst du vielleicht noch ein bisschen mit Lyn ficken, solange du noch kannst?
(Is immer lustig das mit der Wärmebildkammera anzusehen :)
)

Abbildung 11

Freitag, 22. April 2011

- **Schreiben an die Polizei**

auf Anfrage habe ich den Ermittlungsbehörden eine 15-Seitige Zusammenfassung über ALLE Bekannten, Freunde, Kollegen, Familie zur Verfügung gestellt. Teilweise mit kleinen Psychogrammen, Beruf, Vorlieben, etc. Soweit ich das ersehen konnte, ist nicht einer davon vernommen worden ...

Es existieren auch noch weitere Listen über Freunde und über Schüler, die ebenso in den Ermittlungsakten zu finden sind.

Ich habe Grafiken angefertigt, wer mit wem irgendwie in Kontakt steht. Also wie stellen sich die sozialen Zusammenhänge in meinem Umfeld dar.

Die Arbeit, die ich mir hier machen musste ist eins, ich frage mich nur, warum es nie die geeignete Beachtung fand, schließlich wollte man es doch haben und wie heißt es sonst immer so schön ? „Jeder noch so kleine Hinweis ist wichtig" und „Sagen Sie uns alles was Sie wissen" ...

Sonntag, 8. Mai 2011

- **Schriftlich notiert und genau so, wie abgebildet, bei der Polizei abgegeben:**

Am 8. Mail 2011 hatte ich um 18:30 Besuch von einem Herrn ▇▇▇ mit seinen beiden Töchtern, die Interesse an Klavierunterricht bei mir hatten. Wir hatten ein gutes Vorgespräch und alle waren mit dem was ich im Unterricht anbiete, einverstanden. Obwohl die Mädchen sehr verhalten und schüchtern waren, hatte ich den Eindruck, das sie sich auf den Unterricht freuten. Es wurde vereinbart, das sich der Vater nach dem Schulbeginn noch einmal meldet, um einen exakten und regelmäßigen Termin bei mir zu vereinbaren. Wir verblieben deshalb so, weil die Kinder ja nach den Sommerferien neue Stundenpläne bekommen. Da sich der Vater nicht, wie vereinbart meldete, rief ich bei der Familie an und fragte, wie wir jetzt verbleiben wollen. Der Vater teilte mir zu meinem Entsetzen mit, das die Mädchen Angst vor mir hätten. Ich war schockiert und verwundert, weil diesen Eindruck machten sie im persönlichen Gespräch eher nicht. Als ich den Vater fragte, wie das sein kann und warum die Mädchen Angst vor mit hätten, druckste dieser rum und meinte immer: "Ja, Sie wissen doch, ..." Der Mann spricht einen slawischen / russischen Akzent. Meines Erachtens ist davon auszugehen, das der Mann persönlich gewarnt wurde, oder das er seinen Töchtern vielleicht sogar zeigen wollte, wem man hier aus dem Weg gehen sollte. Vielleicht werden Sie dies im Rahmen der Ermittlungen mit einbeziehen und die Familie einmal befragen.

Warum hatten die Töchter der Familie ▮▮▮▮ vor mir Angst ?

Trotzdem ich die Polizei über diesen Vorfall informiert habe, wurden keine Ermittlungen getätigt. Angeblich um mich zu schützen. Bei allem gegebenen und nötigen Respekt, Schutz sieht nach meinem Dafürhalten anders aus.

Montag, 9. Mai 2011

- **9:40 mit der Polizei gesprochen:**

Man hat wohl eine Anfrage bei der Telekom gemacht um die Urheber der Hetzseiten auf denen ich verunglimpft wurde zu ermitteln, aber diese reagiert nicht. Es war sogar der Polizei nur durch Umstände möglich die Telekom zu erreichen. Der Grund dafür ist, das diese wohl eine sog. Servicenummer hat und diese wiederum von Behörden nicht so einfach angewählt werden können ! Wo mir das mitgeteilt wurde, habe ich nur noch mit dem Kopf geschüttelt. Ok, wenn sich irgendwelche Menschen aus Behörden bei einer Sexhotline eingefunden haben, muss man dies unterbinden. Aber da darf doch nun nicht die Sicherheit von Leib und Leben drann hängen und auch nicht von Existenzen … (*Deutschland, Du und Deine Vorschriften !*)

Die Ermittler meinten, wir sollen sämtliche Einträge aus dem Internet incl. Bilder herausnehmen. Ferner sämtliche Kontakte im Internet meiden. Wir sollen auch sonstige soziale Kontakte meiden und auch am besten nur wenn nötig auf die

Straße gehen. Ein ganz fataler und unglücklicher Rat, wie sich später herausstellte.

Zu dieser Zeit teile man uns auch mit, das die Polizei ohne die Vorratsdatenspeicherung machtlos sei und man von daher eher nichts für uns machen könne. Wenn man das von einer Polizei gesagt bekommt, die sich in einem relativ gut, oder mittelmäßig funktionierenden Rechtsstaat befindet, wird es ungemütlich und es hat gelinde gesagt, etwas von einem schlechten Hollywoodfilm.

Bei einem dieser Gespräche mit der Polizei habe ich dann auch irgendwann begreifen müssen, das die Ermittler wohl tatsächlich nichts für uns tun können und so fragte ich, da mich dieser Fakt einfach betroffen gemacht hat: „Ja, sollen wir dann hier etwa wegziehen, … ?" Die Antwort fand ich irgendwie verblüffend: „Gut, das es von Ihnen kommt, ich wollte es nicht sagen, Herr Krause …" Was ist das für eine gespenstische Situation, wenn die deutsche Polizei uns nicht mehr bieten kann wie das …

Samstag, 21. Mai 2011

- Attacke auf **MySpace**

Ein (Persönlichkeits-) Merkmal für den / die Täter sind, das sie sich immer wieder oft wiederholen mussten … Warum ? Was könnte da für eine Aussage hinter stecken ?

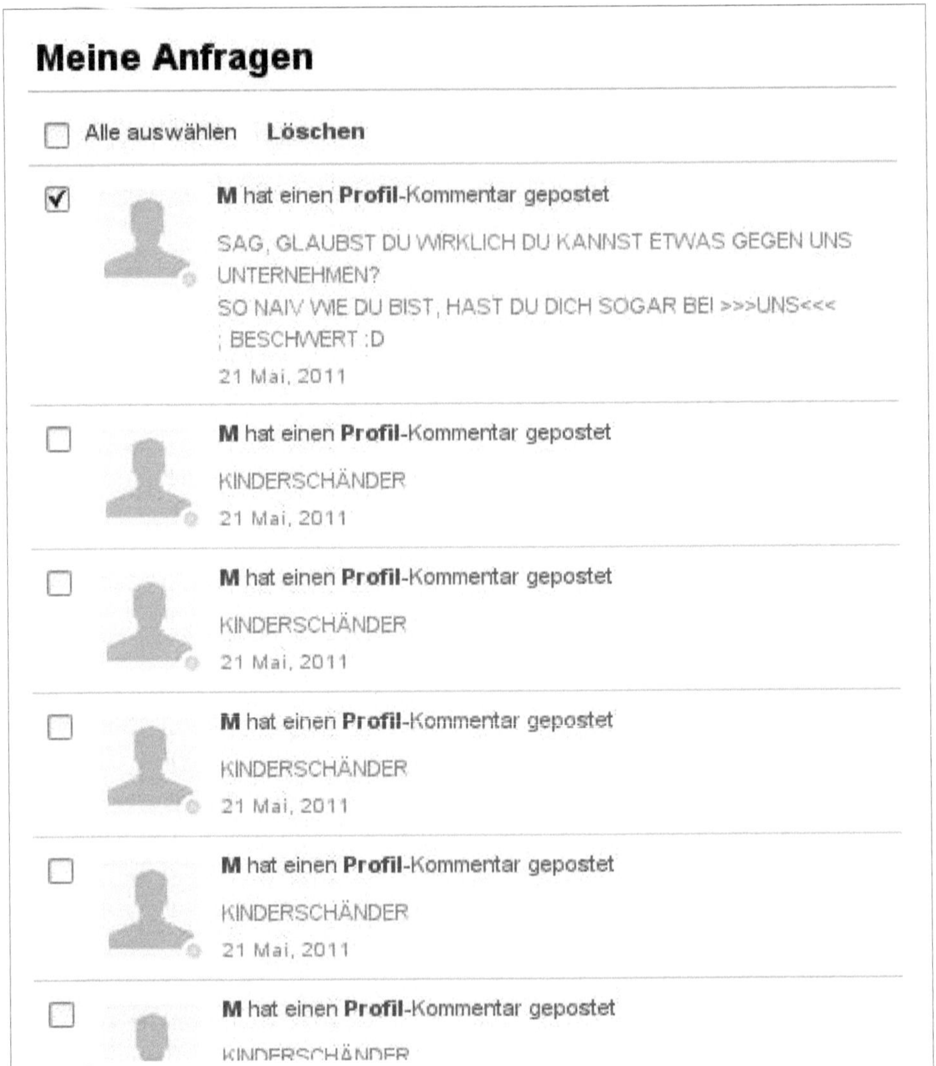

Meine Anfragen

☐ Alle auswählen **Löschen**

☑ **M** hat einen **Profil**-Kommentar gepostet

SAG, GLAUBST DU WIRKLICH DU KANNST ETWAS GEGEN UNS UNTERNEHMEN?
SO NAIV WIE DU BIST, HAST DU DICH SOGAR BEI >>>UNS<<< ; BESCHWERT :D

21 Mai, 2011

☐ **M** hat einen **Profil**-Kommentar gepostet

KINDERSCHÄNDER

21 Mai, 2011

☐ **M** hat einen **Profil**-Kommentar gepostet

KINDERSCHÄNDER

21 Mai, 2011

☐ **M** hat einen **Profil**-Kommentar gepostet

KINDERSCHÄNDER

21 Mai, 2011

☐ **M** hat einen **Profil**-Kommentar gepostet

KINDERSCHÄNDER

21 Mai, 2011

☐ **M** hat einen **Profil**-Kommentar gepostet

KINDERSCHÄNDER

Abbildung 12

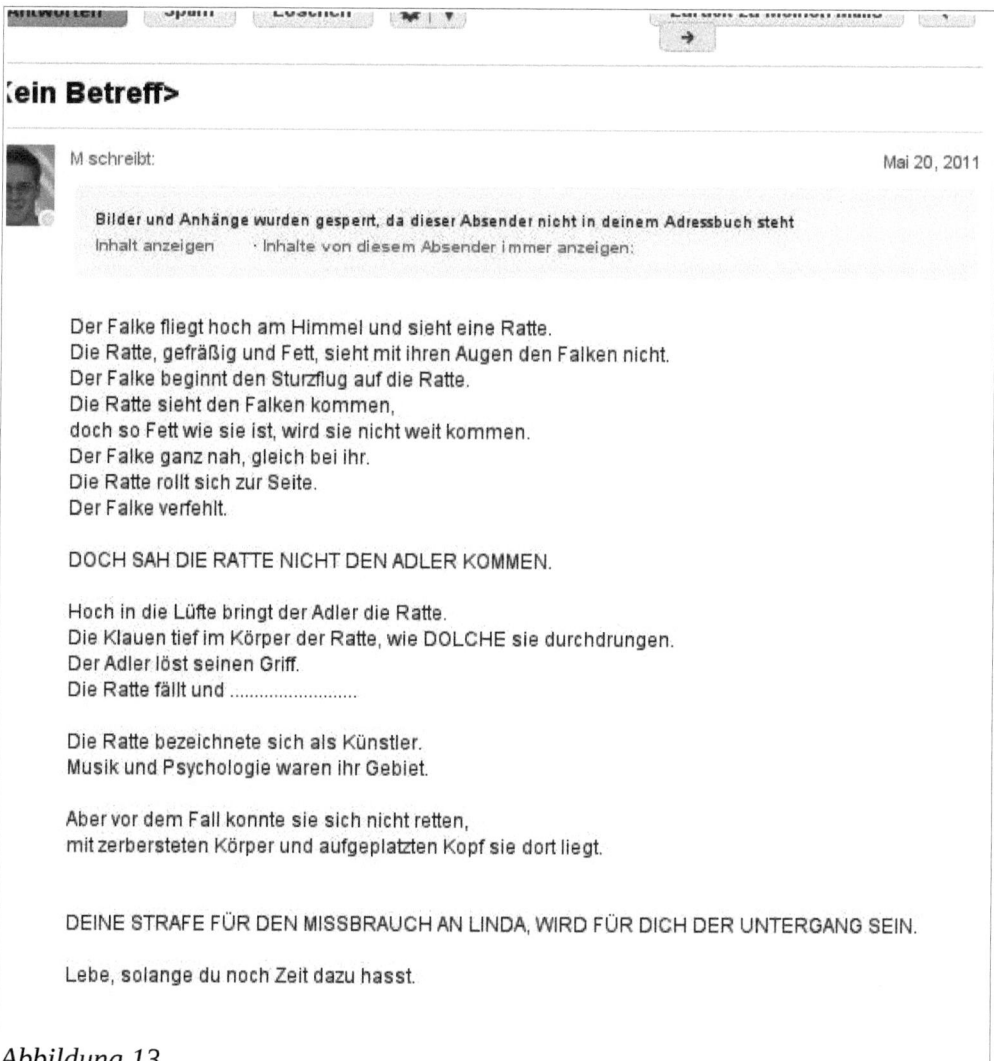

Abbildung 13

Abbildung 14

Mittwoch, 25. Mai 2011

- Attacke auf **MySpace**

Ein Mercedes ist typisch für Kinderschänder ? Also wenn man das in Stuttgart liest :) Im Übrigen auch hier immer wieder Wiederholungen.

Meine Anfragen

Alle Anfragen ▼

- Alle Anfragen
- Kommentare zu genehmigen

M hat einen Foto -Kommentar gepostet

GENAU FÜR DICH GEEIGNET NICHT WAHR?
VIEL PLATZ UM KINDER DURCHZUFICKEN

Genehmigen
Löschen
Als Spam melden

22 Mai, 2011

M hat einen Foto -Kommentar gepostet

EIN MERCEDES, WIE TYPISCH FÜR EINEN KINDERSCHÄNDER.
KANN MAN SCHNELL KLEINE MÄDCHEN ÜBERZEUGEN
MITZUKOMMEN
UM SIE DAN ZU VERGEWALTIGEN
DU BIST EIN WIEDERLICHER KINDERSCHÄNDER

Genehmigen
Löschen
Als Spam melden

22 Mai, 2011

M hat einen Foto -Kommentar gepostet

EIN MERCEDES, WIE TYPISCH FÜR EINEN KINDERSCHÄNDER.
KANN MAN SCHNELL KLEINE MÄDCHEN ÜBERZEUGEN
MITZUKOMMEN
UM SIE DAN ZU VERGEWALTIGEN
DU BIST EIN WIEDERLICHER KINDERSCHÄNDER

Genehmigen
Löschen
Als Spam melden

22 Mai, 2011

Abbildung 15

Mittwoch, 8. Juni 2011

- **Attacke auf MySpace**

Immer wieder wird von den Tätern hervorhebend erwähnt, das ich angeblich vor 17 Jahren ein 12jähriges Mädchen missbraucht hätte.

Ebenso wieder, der Name „Linda".

Auch auf dieser Seite gibt der Täter Hinweise auf sich selbst. Vor 16 Jahren, ein 12jähriges Mädchen … (s.o.) Natürlich habe ich nie ein Kind missbraucht und dafür muss ich mich auch nicht und nirgendwo erklären, aber es könnte doch, wie schon weiter oben erwähnt, eine Symbolik für etwas sein, oder ? Ich meine, wo war ich denn z.B. in dieser Zeit vor 16 Jahren … und mit wem hatte ich da zu tun ???

Jehova ? Also weiß das Gesindel vielleicht, das meine Freundin ein Opfer in dieser Sekte war ? Woher ? Da kommen nicht viele in Frage …

Zitat: „Einer von Bastarden gefickten Hure". Ist das vielleicht eine Projektion ? Wenn wir davon ausgehen, das es eine ist, stelle ich mal folgendes in den Raum:

These: Was ist ein Bastard ? Ein Mischling. Kenne ich einen ? Ja, vielleicht … Kenne ich einen Mischling dessen Mutter desozialisiert war, oder ist und ständig wechselnde Männerbekanntschaften hatte ? Vielleicht … Ich stelle mal die These in den Raum, dass das eine sog. „Ich-Botschaft" bzw. „Selbstoffenbarung" (Kommunikationspsychologie, Schulz von Thun) ist. Davon ausgehend, könnte man hier doch schon gezielter auf einen Täter schließen, oder zumindest auf eine Person, die dafür in Frage kommen könnte, oder !?!

Ich kenne vielleicht einen Mischling, der derartig schizotype Störungen hat, das ihm diese Tat durchaus zu zutrauen wäre und der sich auch in verschiedenen Situationen grenzwertig gezeigt hat. Geeignetes Material hierüber, habe ich den Ermittlungsbehörden zur Verfügung gestellt.

Cybermobbing - Ein Opfer klagt an ...

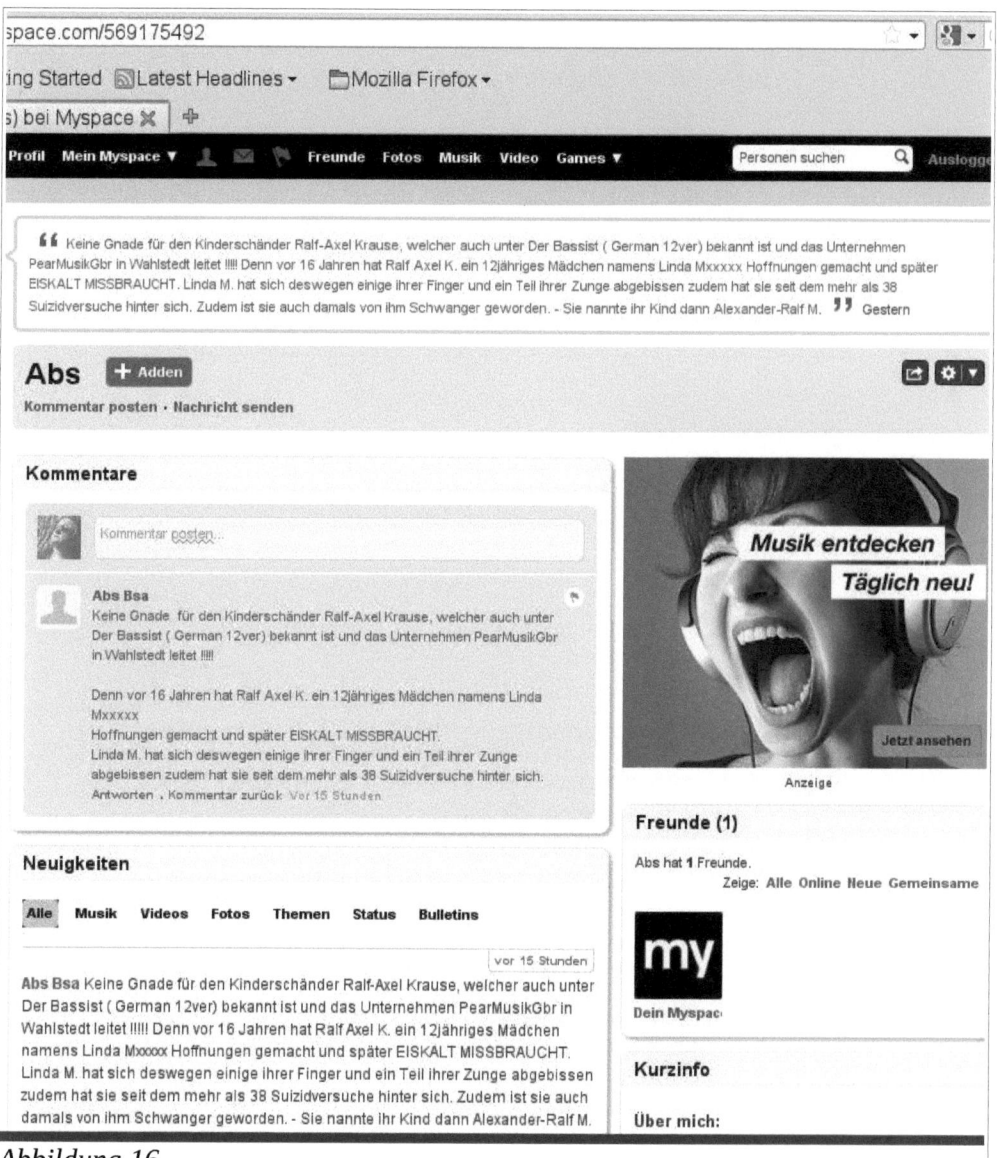

Abbildung 16

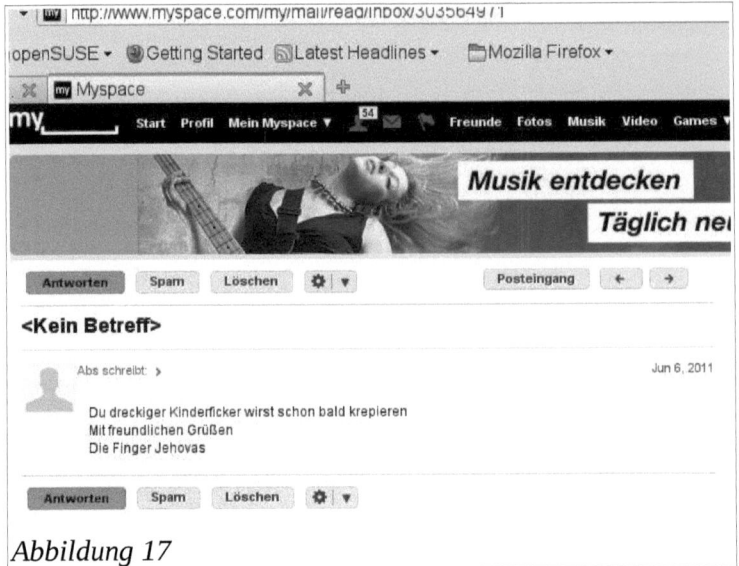

Abbildung 17

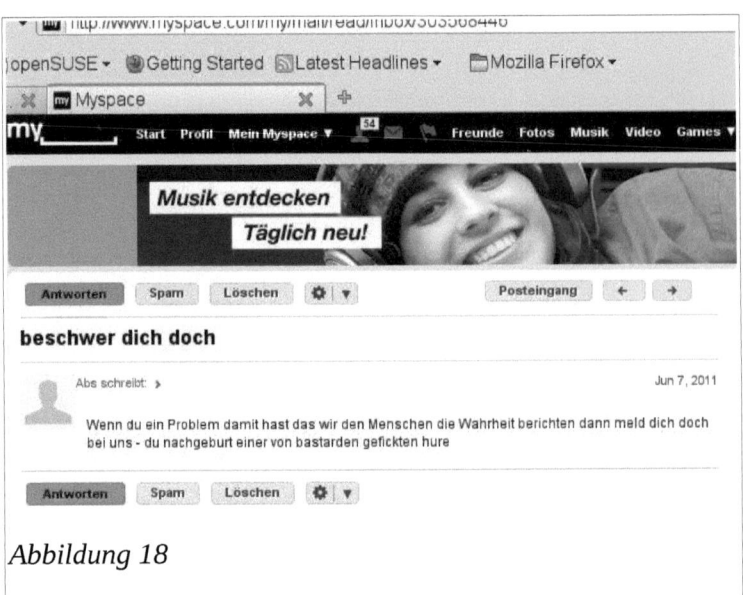

Abbildung 18

Cybermobbing - Ein Opfer klagt an ...

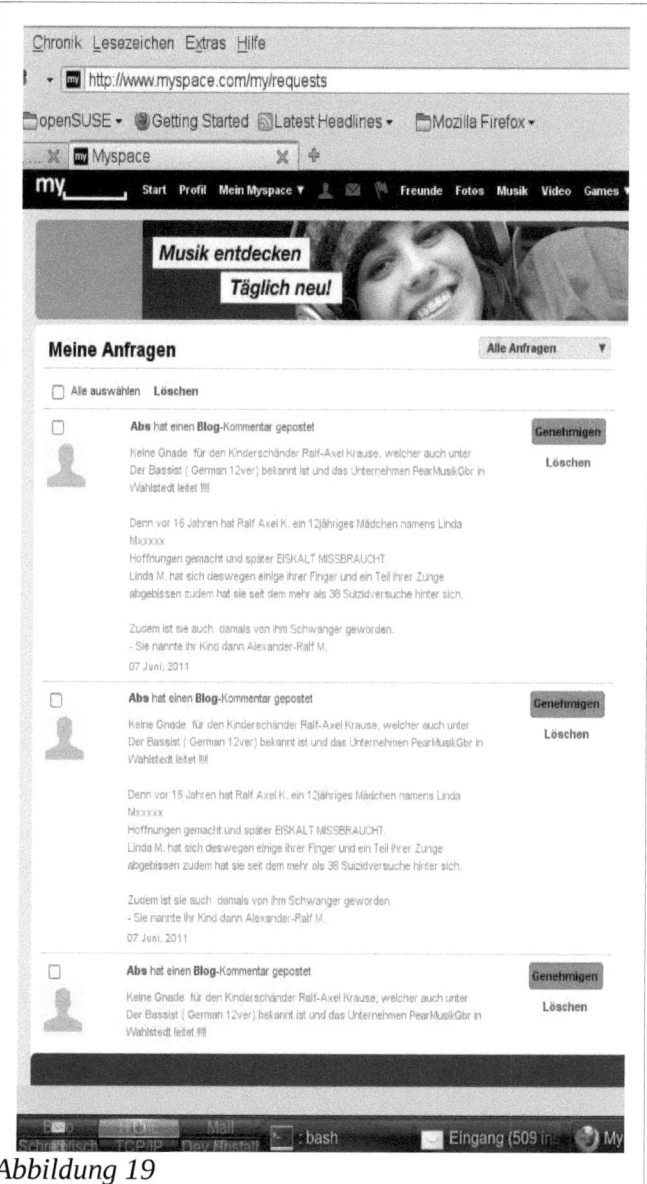

Abbildung 19

Abbildung 20

Samstag, 11. Juni 2011

- Attacke auf **MySpace**

Ich habe den Ermittlungsbehörden angeboten ein Treffen zu inszenieren (*Abbildung 22*) , so wie ich zusammen mit der Polizei als 13jähriger Bengel in Berlin einen pädosexuellen Mann überführt habe. Soweit ich mich erinnern kann, habe ich nicht mal eine Antwort darauf erhalten.

Ich habe diese Situation auch in meinem Buch „Friendly Fire" beschrieben. Aber man wollte halt nicht … Echt schade !

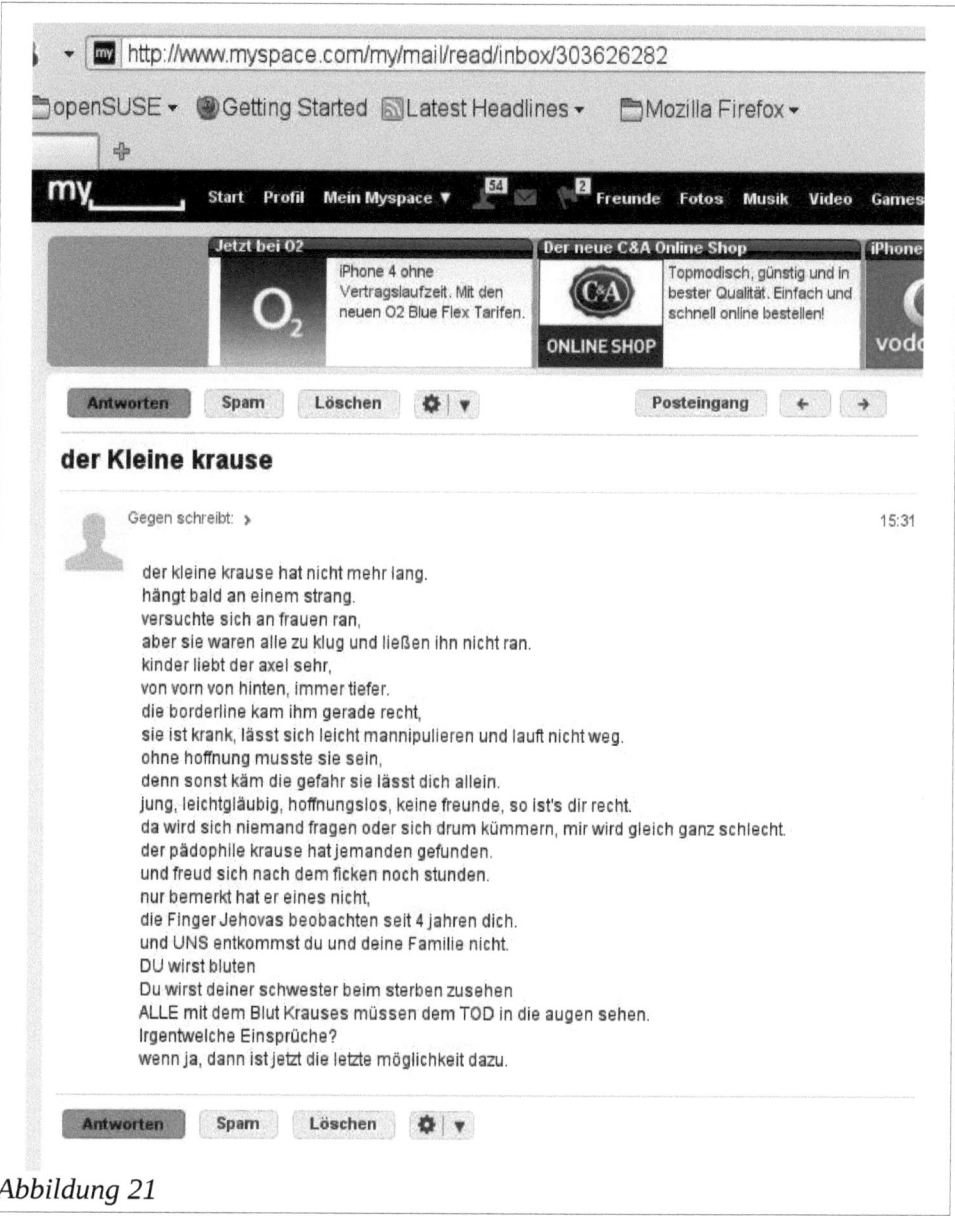

Abbildung 21

Abbildung 22

Mittwoch, 15. Juni 2011

- Attacke auf **MySpace**

Es wurden mehrere Profile mit gleichem Inhalt gegen mich erstellt. Ich habe alles den Ermittlungsbehörden gemeldet. Hier eines davon:

Abbildung 23

Donnerstag, 16. Juni 2011

Abbildung 40

Im Hamburger Abendblatt hat das Gesindel Annoncen auf meinem Namen geschaltet. Meine Bilder hat man einfach von meiner Homepage, oder einem "sozialen" Netzwerk runter geladen. Bitte jetzt keine Besserwissereien, das hätte niemand vorher ahnen können ...

Abbildung 41

Abbildung 42

Zum Glück sind die meisten Leute nicht so grenzdebil wie die Täter, um zu wissen, was hinter so einer Annonce stecken kann ... Trotzdem stand auf diese Annonce hin, ein gehbehinderter Mann vor meiner Tür. Der arme Kerl hat wahrscheinlich noch an das Gute geglaubt. Er ist unter schwierigen Umständen knapp 100 km weit gefahren und am liebsten hätte ich ihm wirklich etwas geschenkt. Er meint, er hätte sich sein Leben lang, so einen Bass gewünscht, hat dann aber auch genau verstanden, um was es geht.

Sonntag, 19. Juni 2011

- Attacke auf **MySpace**

Man meinte, man käme aus Russland *(Abbildung 25)* ? Sehen Sie den Fall vom 8. Mai 2011 (weiter oben).

Nun meinte man auch, das dieses imaginäre Mädchen wohl ein Kind von mir haben soll. Vielleicht eine Symbolik (Kind = Problem) ?

Wenn es keine Symbolik ist, dann ist es aber auf jeden Fall realitätsdefizitär ! Ich meine, wenn da nun wirklich ein Kind wäre, dann wären ja wohl alle diese Äußerungen der Täter nachweisbar, oder ? Ist es aber nicht und die Spitze an der Sache ist ja auch, das die Täter sich auch nie wirklich erkennen gegeben haben. Es sind einfach nur ganz feige Heckenschützen. Wahrscheinlich ganz hole Typen mit einer dreckigen Fassade. Moment, … jetzt fällt mir was ein. Könnten diese Menschen dann nicht vielleicht doch histrionischer Natur sein ? Na da werd` ich ja mal richtig kreativ :)

Ich würde gerne mal anregen zu schauen, was hinter der Abbildung einer verbrannten und zerstückelten Leiche steckt *(Abbildung 27)*. Welche kriminologischen und psychopathologischen Zusammenhänge stehen dahinter und könnte man von daher auf den Täter zurückgreifen ?

Gehen Sie einmal gedanklich zurück ins Mittelalter. Für was hat man denn da Menschen verbrannt, oder „geviertelt" ???

Cybermobbing - Ein Opfer klagt an ...

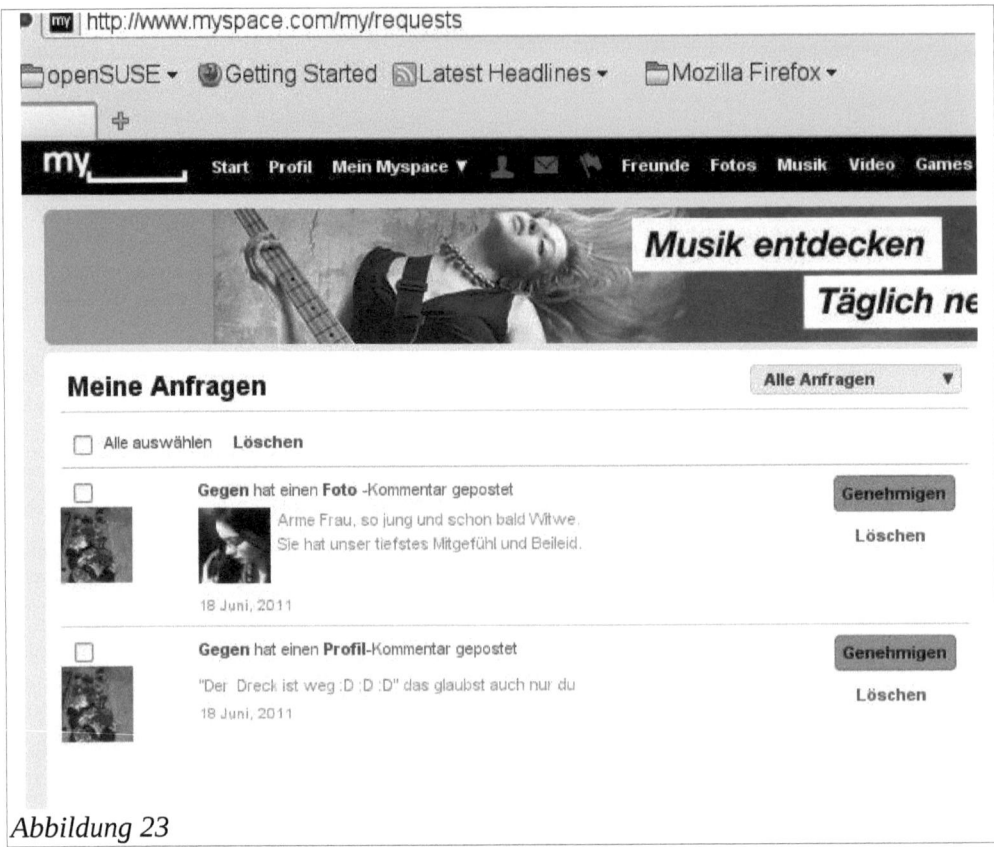

Abbildung 23

Sehen Sie links in den beiden Minibildern was da abgebildet ist ? **Erschrecken Sie bitte nicht, auf einen der nächsten Seiten ist es vergrößert abgebildet !**

Abbildung 24

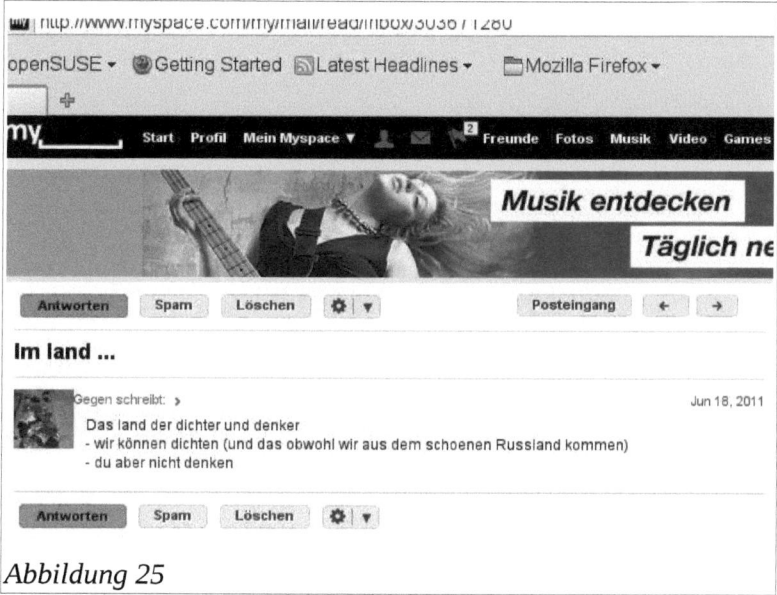

Abbildung 25

Cybermobbing - Ein Opfer klagt an ...

Abbildung 26

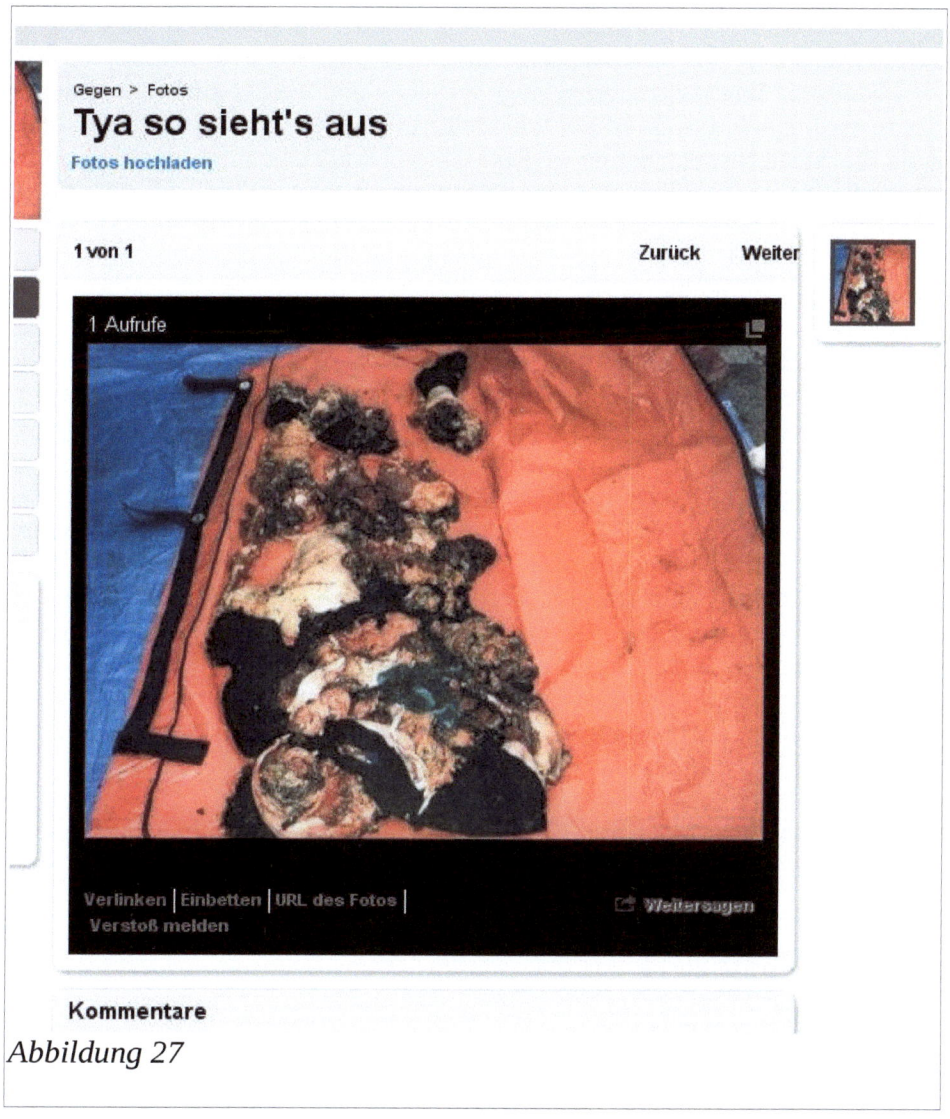

Abbildung 27

Ja, schauen Sie ruhig hin. Solche Bilder stellt das Gesindel ins Netz, wenn es böse wird und seinen Bockwillen nicht erreicht. Ein verbrannter und zerstückelter Mensch. Menschen die so etwas tun, sind unter uns. Dank der Anonymität im Netz, können sie Ihre pervertierten Züge ausleben und werden nicht mal erwischt ... Es ist erstaunlich, das da so gut wie nichts erkennbares von der Politik kommt und da die Staatsanwaltschaften in Deutschland wahrscheinlich auch überlastet sind, finde ich es wirklich um so grenzwertiger, das selbst auf mehrfachen Hinweis bei dem Betreiber dieses Forums (und auch bei anderen sog. „sozialen" Netzwerken) nichts passiert ist. Wo bleibt hier die soziale Verantwortung ? Abgesehen mal davon, das mich die Täter damit in ziemlich grenzwertiger Weise angesprochen haben, dieses Bild konnten auch Kinder sehen ... Wer da wohl mehr der „Kinderschänder" war ? Unsere „Annonymies", die so etwas ins Netz stellen, oder die Betreiber der Netzwerke, die sich einen Dreck darum gekümmert haben ... ? Oder ... ?

Im Übrigen haben die Administratoren von sog „sozialen" Netzwerken in dem gesamten Verlauf meines Falls, keine großartigen Interessen gezeigt, gegen diese Vorkommnisse tätig zu werden, oder sonst irgendetwas zu unternehmen, damit diese Verwerflichkeiten unterlassen werden. Eigentum verpflichtet, ... wenn ich also ein Haus baue, dann muss ich auch dafür sorgen, das damit kein Schindluder getrieben wird. Werden auf diese Art und Weise unsere Grundrechte beschnitten, auf die ja z.B. bei der Vorratsdatenspeicherung so einen riesen großen Wert gelegt werden ? Ich meine, geht es hier wirklich um Freiheit ? Wenn es das wäre, dann wäre meine Freiheit damit äußerst eingeschränkt.

Warum wird dieses Rechtsgut (oder dieses gute Recht) hier nicht etwas eindeutiger geschützt ?

Montag, 20. Juni 2011

- Ca **150 Mails** wegen **Ebay-Kleinanzeigen** und ca. **300 Anrufe** wegen **eDarling**

- Kosten bei eDarling 164,00 € Rückbuchung eingeleitet und Konten stillgelegt .

- Account bei Amazon über PW-Anfrage stillgelegt. Es wurde ein neuer Account unter meinem Namen eröffnet unter „ralfaxelkrause@yahoo.de" Dies ist eine nicht von mir erstellte E-Mailadresse.

- **Laut Angabe von Amazon, kann der Täter über die Daten mit der er sich eingeloggt hat, ermittelt werden ...**

- In der Zwischenzeit wurden 3 neue Konten auf meinem Namen bei Amazon eröffnet.

Dienstag, 21. Juni 2011

- **Abomix, ...**

Es ist anscheinend tatsächlich möglich, das man Bestellungen auf fremder Leute Namen machen kann. Sicher konnte ich diese Nervereien schnell wieder abstellen und als nichtig erklären, aber ich finde es mehr wie vermessen und grenzwertig, das man auch hier Straftätern die Möglichkeiten gibt und das es anscheinend niemanden interessiert, das hier einfach enorm gegen den Datenschutz verstoßen wird ... Mittlerweile redet man ja schon unter Juristen von „Identitätsdiebstahl" !

Hallo Politiker ? Wo seit Ihr ? Wir brauchen Maßnahmen ... :) Oder geht es hier wieder nach dem Motto: „Der Markt regelt sich von alleine" ? So, wie es uns die „Gelben" auch immer erzählen wollten ...

Cybermobbing - Ein Opfer klagt an ...

Abbildung 27

Dienstag, 21. Juni 2011

- Attacke auf **MySpace**

In *Abbildung 28* macht der Verfasser auf mich einen sehr anmaßenden Eindruck. Also anmaßend waren die seit dem ersten Tag, aber hier wird „Dienst" gespielt. Eine typische Form, die man bei Menschen mit histrionischen Zügen immer wieder findet. Da fallen mir auch gleich wieder ein paar Witzfiguren ein :) und der Kreis der Tatverdächtigen schließt sich ...

Abbildung 28

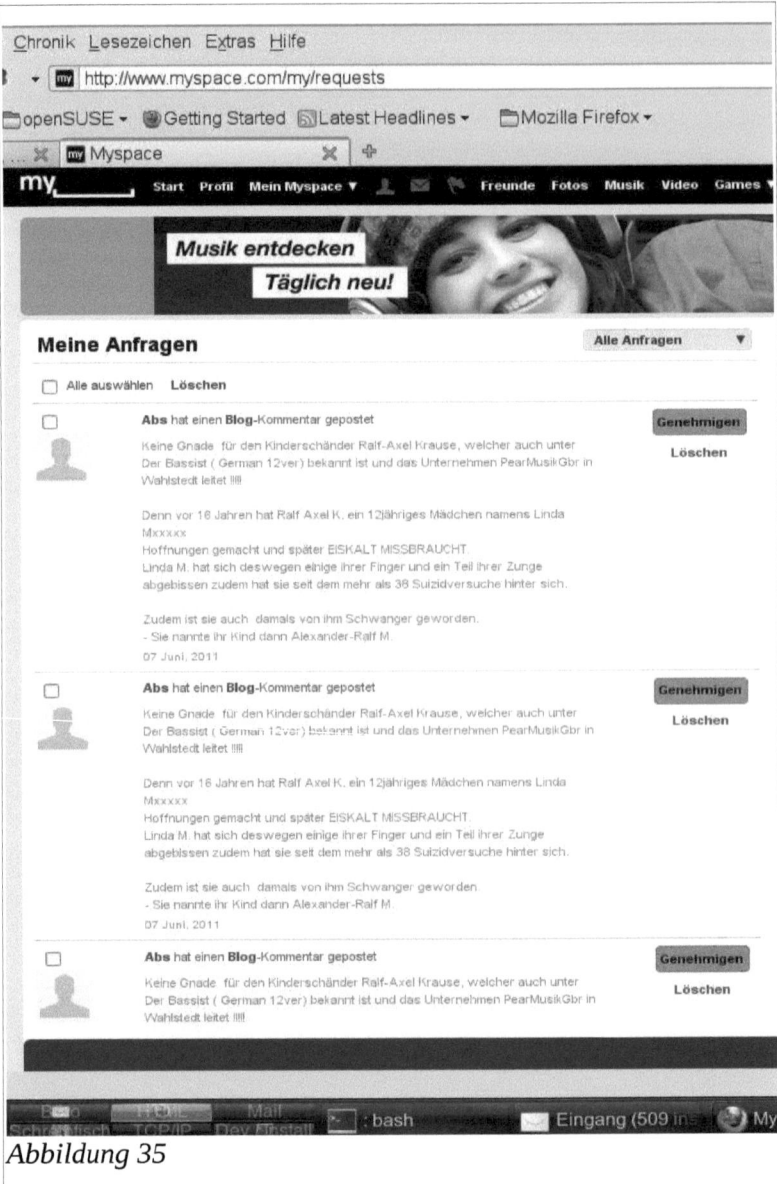

Abbildung 35

Donnerstag, 23. Juni 2011

- **Ebay Kleinanzeigen**

Ja es ist möglich, das jeder im Namen von jedem nach belieben Annoncen schalten kann und niemand, weder Ebay, noch die Ermittler, können irgendwas dagegen tun. „Damit müssen Sie jetzt leider leben, Herr Krause ..."

Abbildung 43

Montag, 27. Juni 2011

- PVZ

Wieder auf meinem Namen ein Zeitungsabo bestellt.

Mittwoch, 29. Juni 2011

- **Die „Opferhilfe"**

Hier hatte das Verbrechen gegen mich eine Form angenommen, die ein weiteres Versagen unser sozialen Gefüge plastisch macht. Bevor sich dieses kriminelle Gesindel gewagt hat 8000,- € von meinem Konto als Spende für diesen Verein abzubuchen, hatten wir bei einem Ortsverband der „Opferhilfe" um Hilfe gebeten. Im Übrigen nicht nur für den Fall des Cybermobbings, sondern auch wegen dem Missbrauch an meiner Verlobten. Man fühlte sich in **beiden Fällen** „nicht dafür zuständig". Sicher wird auch hier alles seine „formaljuristische Richtigkeit" haben, aber irgendwie empfand ich das schon, gelinde gesagt, als sehr merkwürdig, … Auch als ich bei der Hauptzentrale dieses Vereins anrief und dort vorgetragen habe, was mir gerade passiert, hat man mir auch keine Hilfe angeboten. Im Gegenteil, man war sehr wortkarg und ich empfand mich als ungebeten, weil ich die 8000,- € stornieren musste.

Über diese Aktion kann sich jeder selber sein Urteil bilden, für mich ist es einfach ein komplettes Versagen basierend auf einer Fassade mit wenig, oder gar keinem Inhalt ! Ich werde hier niemandem abraten, sich mit einem Opferhilfeverein im Falle der Notwendigkeit, die hoffentlich bei keinem Eintritt, auseinanderzusetzen, aber ich habe für meinen Teil beschlossen, auf diese demütigende Aktion, von denen keine Hilfe mehr anzunehmen !

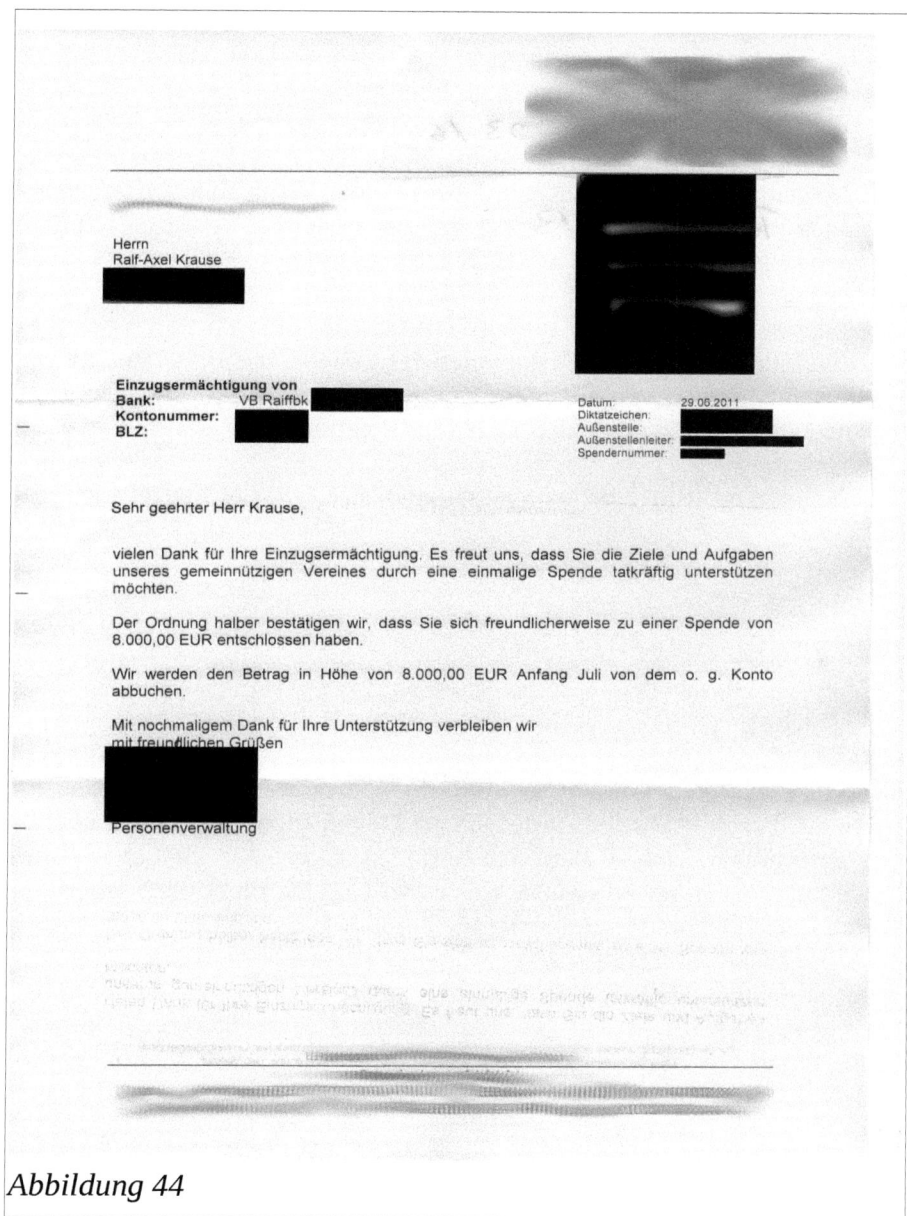

Abbildung 44

Hochinteressant ist auch, das die derzeitige Justizministerin im Vorstand der „Opferhilfe" tätig war. Eine entsprechende Antwort dieser Dame, auf einen Hilfeschreiben, können Sie weiter unten einlesen.

Ich habe natürlich auch die Ermittlungsbehörden davon in Kenntnis gesetzt. Ich kann nicht sagen, ob es hier Ermittlungsansätze, oder Vernehmungen gegeben hat. Ich kann auch nicht sagen, wie es sonst bei den Behörden verwertet worden ist. Aber wäre das überhaupt relevant gewesen ?

In verschiedenen Recherchen zu diesem Thema, die unterschiedlich positiv und negativ ausgefallen sind, habe ich für mich festgestellt, das diese Initiativen nur einen Alibistatus haben, damit man sich profilieren kann und den Leuten vorheucheln kann, wie toll doch hier noch alles funktioniert !

Ich werde wie gesagt jedoch niemanden abraten, sich dort bei Bedarf auch mal zu melden.

Donnerstag, 30. Juni 2011

- **E-Darling**

Wieder so eine nervende Geschichte. 100e Frauen schrieben mich an und dieser Mist sollte mich auch noch eine Riesensumme Geld kosten. Zum Glück konnte ich das alles abwimmeln. 164,- € hätte ich bezahlen sollen. Nie im Leben hätte ich dafür auch nur 1 Cent bezahlt. Bitte, wer es will … Ich nicht ! Ich lebe in einer glücklichen Beziehung und ich habe das nicht nötig.

Ich muss allerdings sagen, das man bei eDarling sehr verständnisvoll und hilfsbereit war. Da dies in dem ganzen Verfahren nicht oft vorgekommen ist, verdient es, das es hier besonders hervorgehoben wird.

Abbildung 46

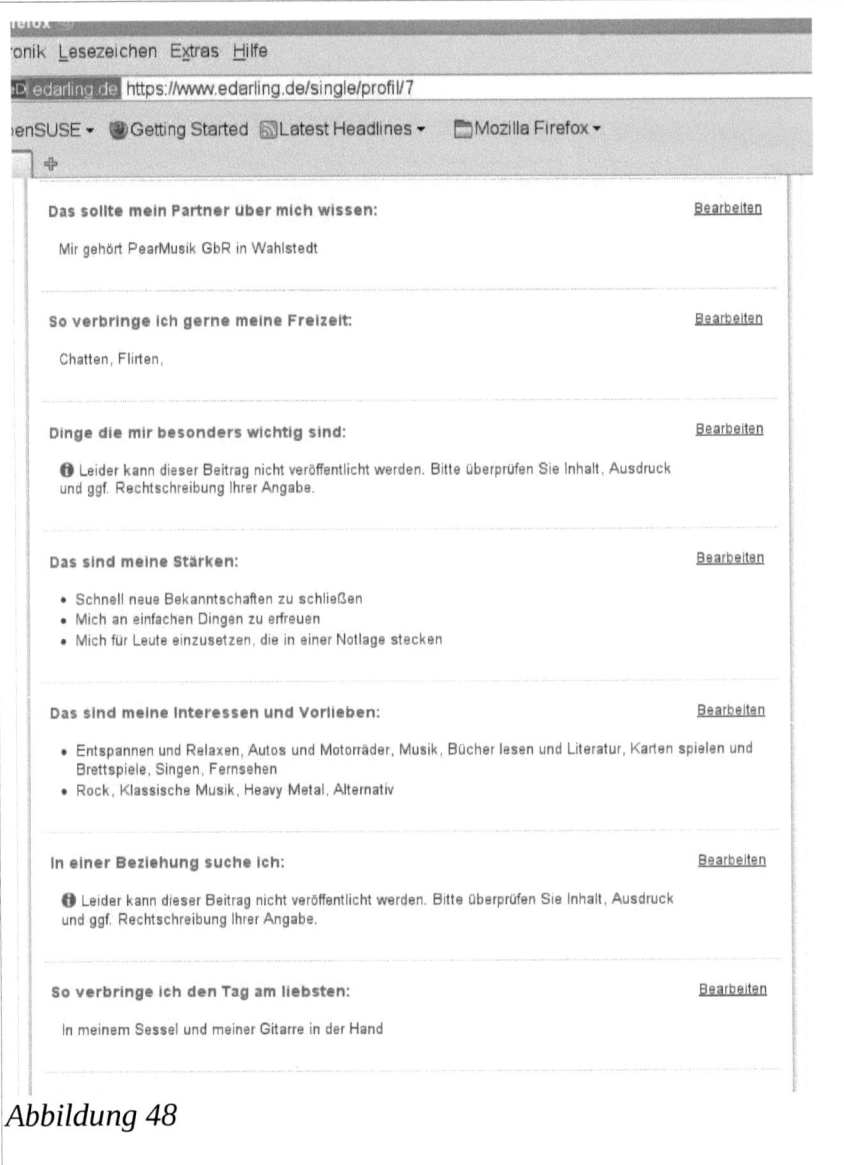
Abbildung 48

Donnerstag, 30. Juni 2011

- Schreiben an die **Staatsanwaltschaft.**

Beweismittelantrag: Herrn Dr. Drommel, Linguist und Sprachdetektiv.

Dieser Mann ist in der Lage durch eine Sprach und Satzanalyse Täter zu ermitteln. Er hat gute Referenzen und ist ein anerkannter Wissenschaftler.

www.sprachdetektiv.de

Auch diese Form der Beweismittel wollte die Ermittlung nicht akzeptieren und es ist mal wieder ins Leere gegangen. Also jedenfalls in meinem Fall, vielleicht könnte es in „Ihrem Fall", der hoffentlich keiner sein wird, nützlich sein.

Was bedeutet unter deutschen Juristen eigentlich: „Die Freiheit der Beweiswürdigung" ?

Sonntag, 3. Juli 2011

- Attacke auf **MySpace**

Es soll ja so sein, das Attacken wie diese, der Grund einer verschmähten Liebe sein können. Zumindest kann man so tun als ob, um den Verdacht in eine bestimmte Richtung zu lenken, oder, geht das überhaupt ?

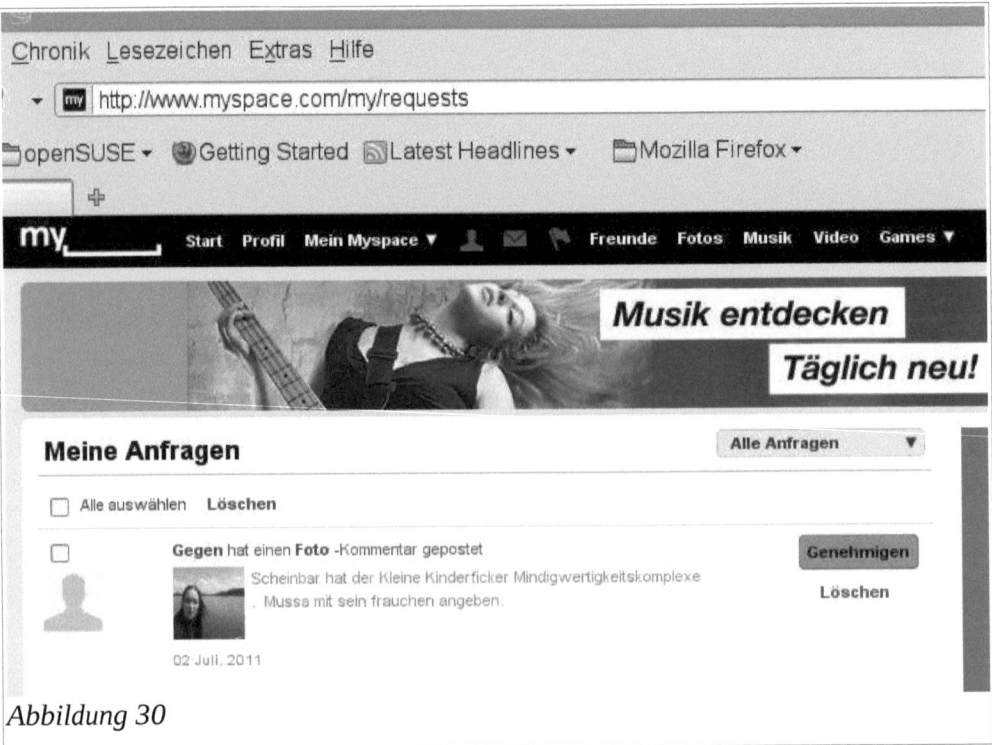

Abbildung 30

Freitag, 8. Juli 2011

- Attacke auf **MySpace**

Abbildung 31

Cybermobbing - Ein Opfer klagt an ...

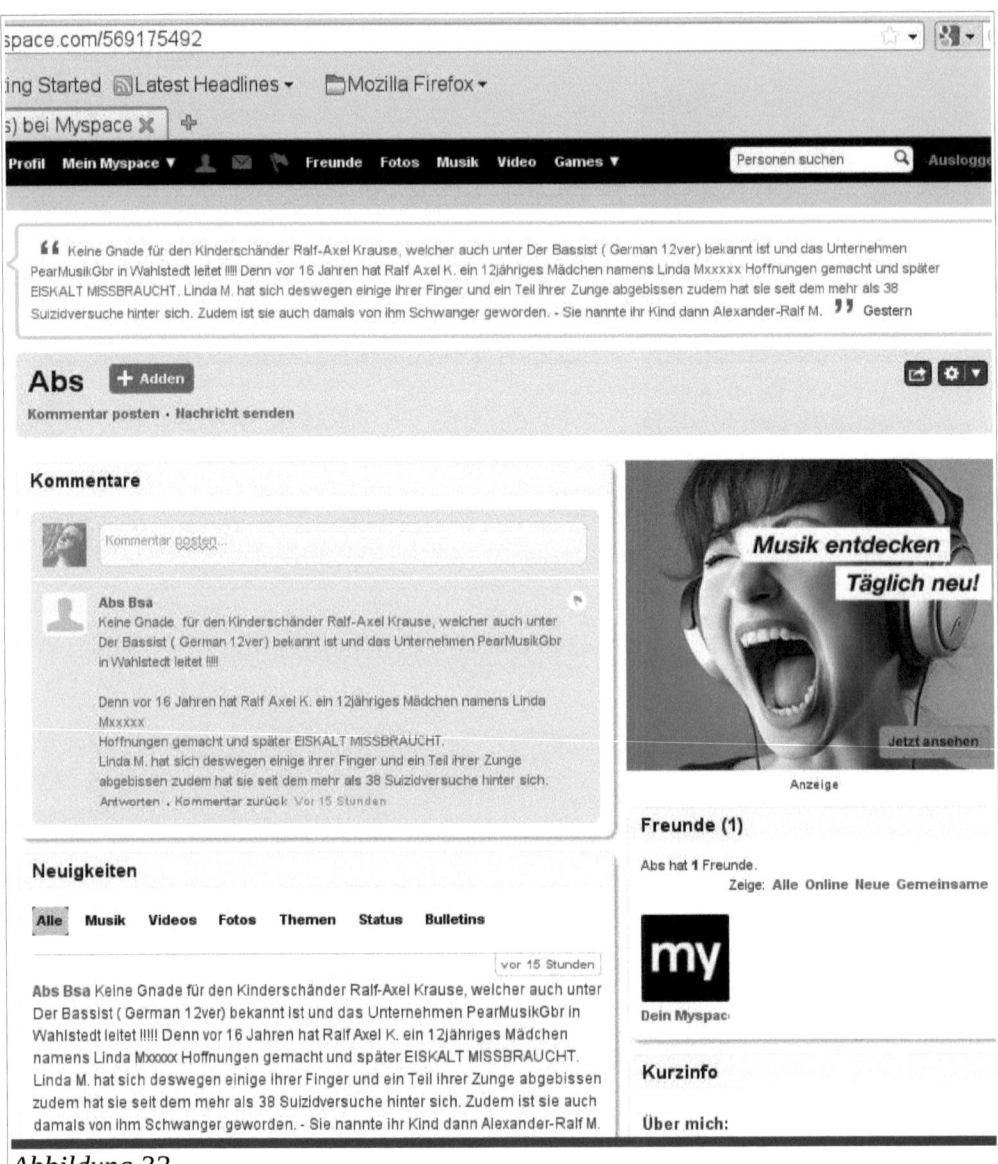

Abbildung 32

Cybermobbing - Ein Opfer klagt an ...

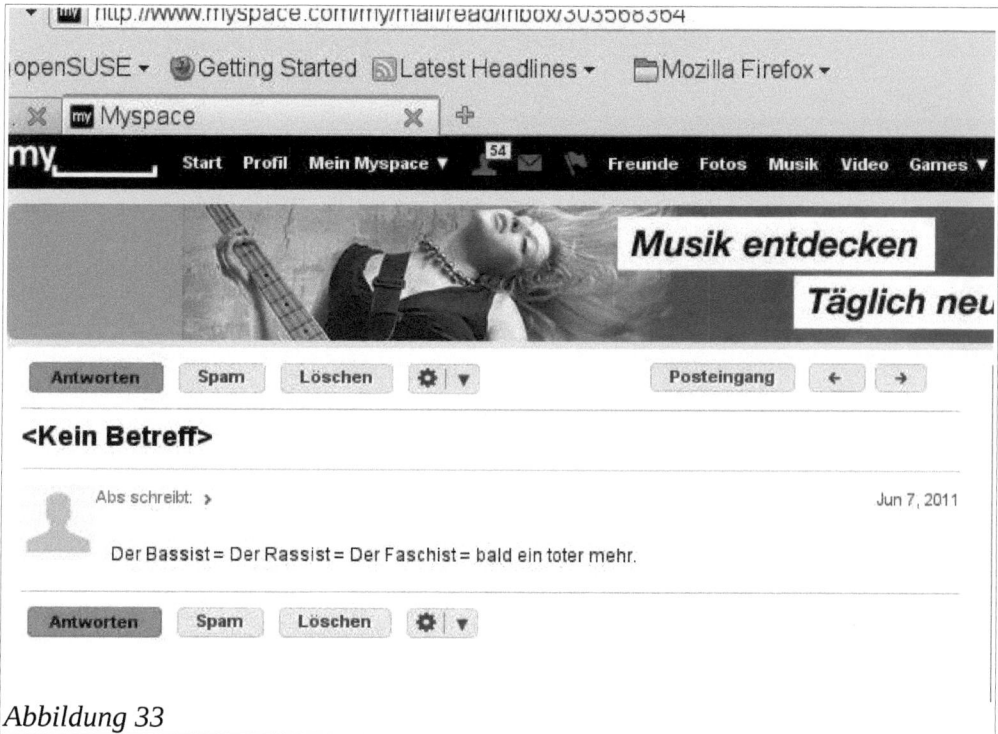

Abbildung 33

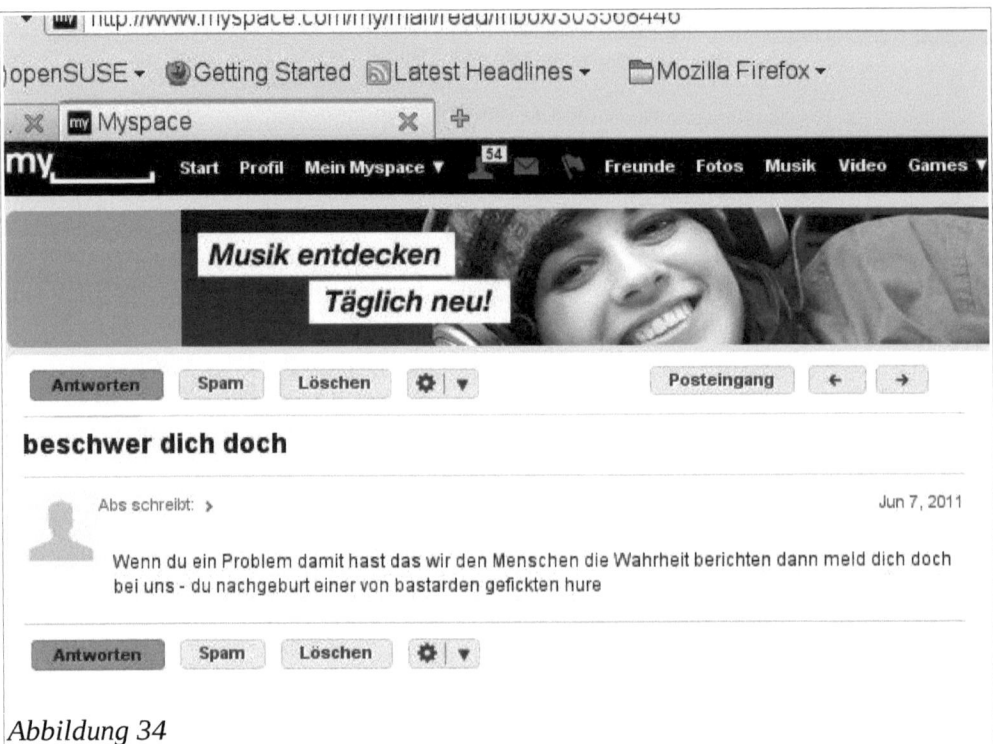

Abbildung 34

Montag, 11. Juli 2011

- Attacken auf **MySpace**

Hier wurde ich mehrfach auf spanisch angeschrieben. Die einzigen von denen ich weiß das sie spanisch können, sind „A" und ▮▮▮▮▮▮▮ Natürlich habe ich auch dies alles und in allen Einzelheiten den Ermittlern mitgeteilt. Schade, das ich nie richtig einsehen konnte, wie die Ermittler dem nachgegangen sind.

Cybermobbing - Ein Opfer klagt an ...

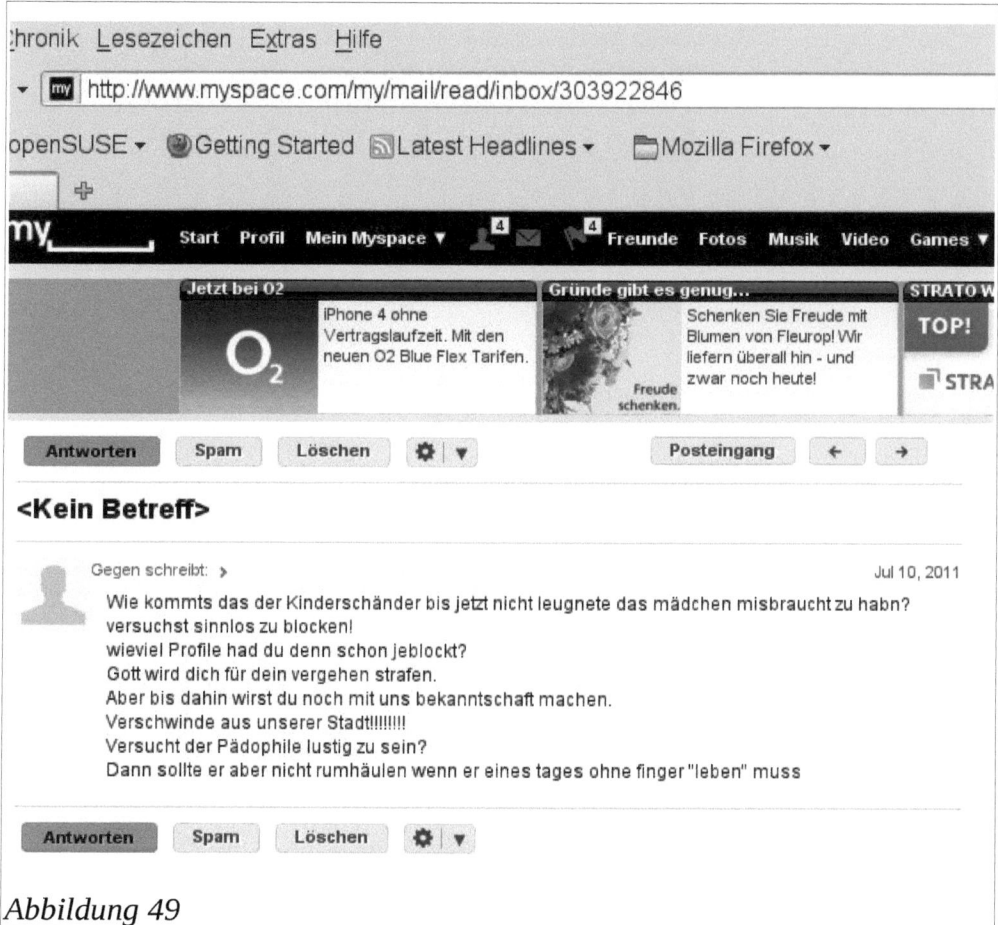

Abbildung 49

Cybermobbing - Ein Opfer klagt an ...

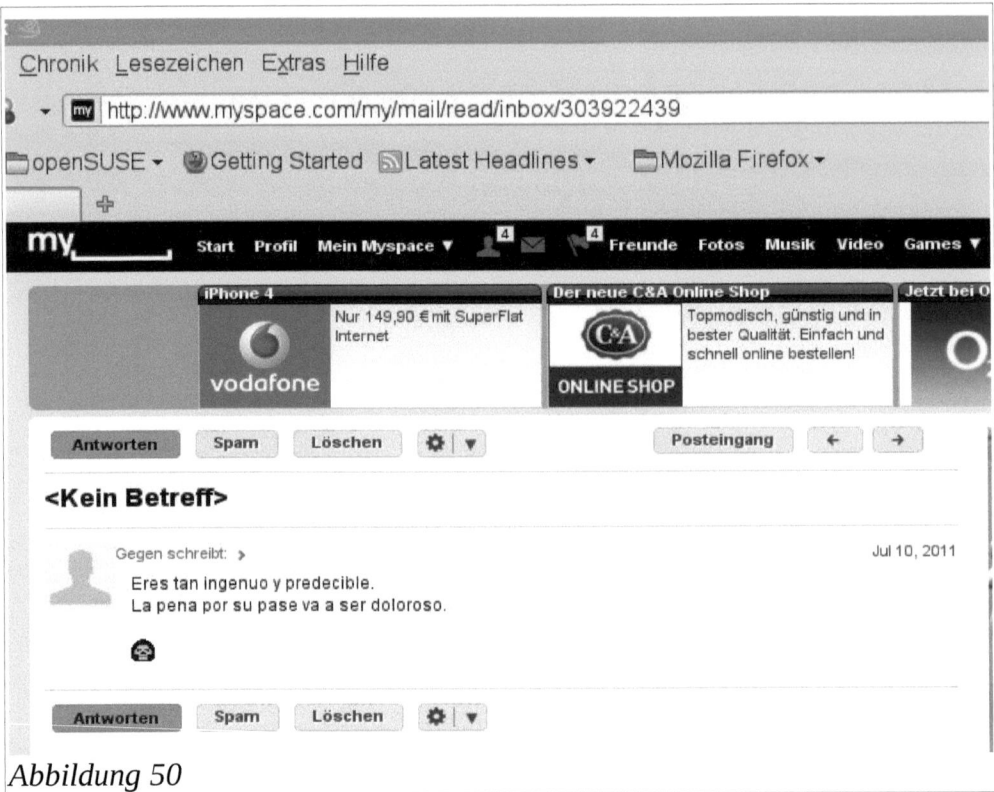

Abbildung 50

... und siehe da, man schreibt mal wieder spanisch :) Die deutsche Übersetzung, hier mit einem Online-Translator wäre:

„Du bist so offenherzig und voraussagbar

Der Kummer durch seinen Passierschein, zu sehen, um schmerzend zu sein"

Super ! So sehr wie dieses Gesindel es geschafft hat eine Inselintelligenz darin zu bilden, das es nicht gesehen wird, so sehr ist es in scheinbar allen anderen Facetten einfach nur grenzdebil und entwicklungsdefizitär !

Cybermobbing - Ein Opfer klagt an ...

Abbildung 51

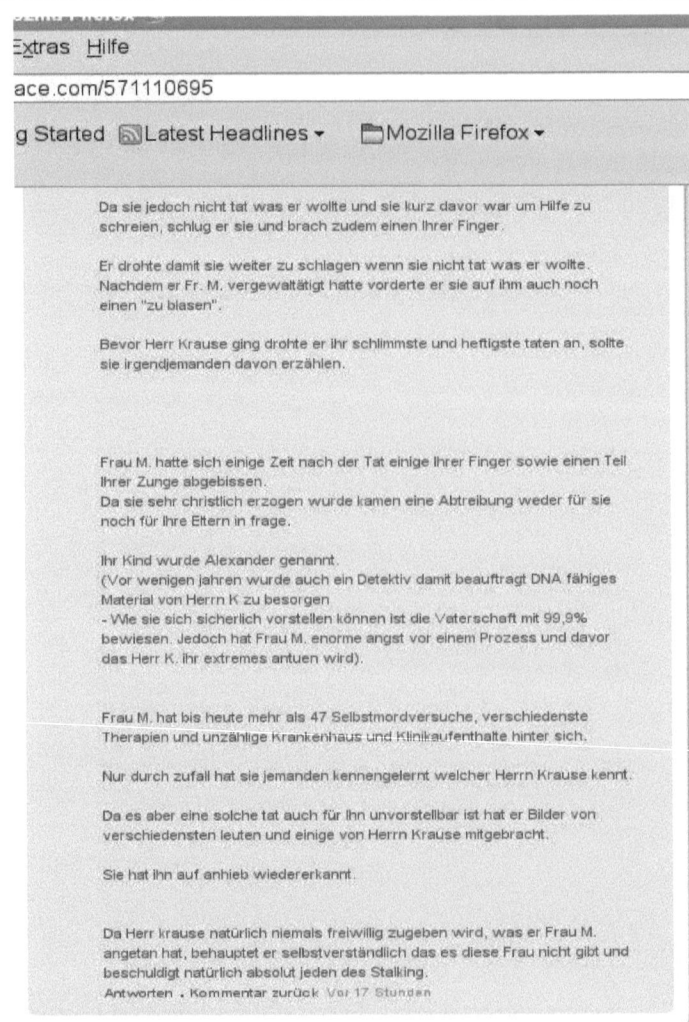

Abbildung 51a

Cybermobbing - Ein Opfer klagt an ...

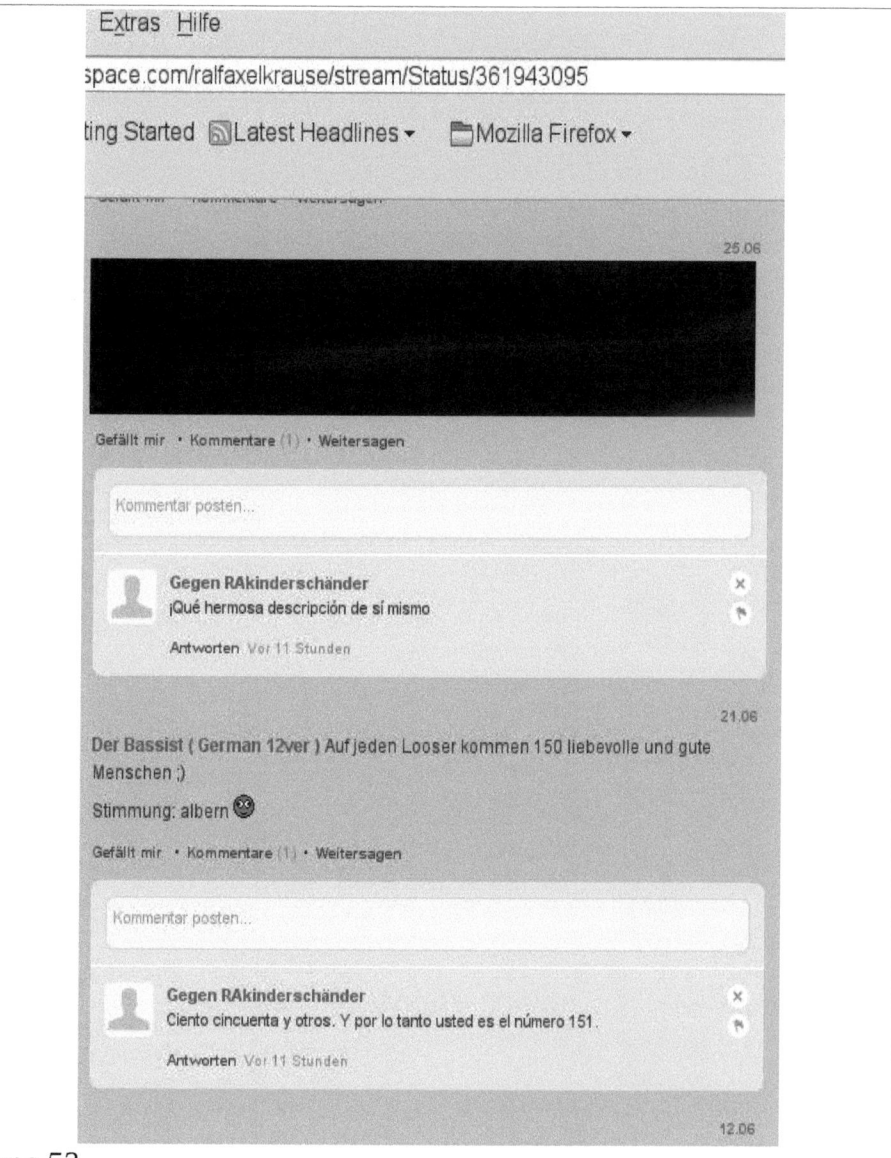

Abbildung 52

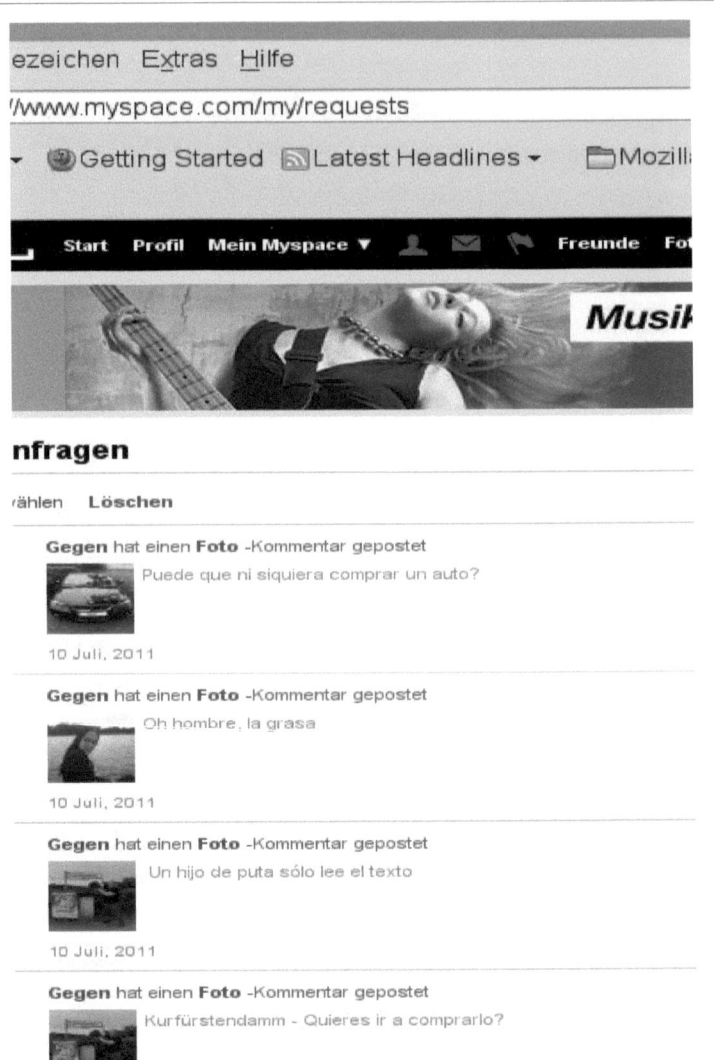

Abbildung 53

Cybermobbing - Ein Opfer klagt an ...

Übersetzung aus 52:

Cintu Cintuenta y otros, Y por lo tanto usted es el numero

Cintu Cintuenta und andere, sind Sie Und infolgedessen die Nummer 151

Übersetzung aus 53:

1 - Puede qui ni siquiera comprar un auto?

Kann qui er sogar ein Auto kaufen?

2 – Oh hombre la grasa

Oh Mensch das Fett

3 – Un hijo le puta solo lee el texto

Ein Sohn liest Prostituierte den Text nur

4 – Quieres ir a comprarlo

Du willst es kaufen gehen

Dreist wenn man versucht diesen Texten einen Sinn zu geben, es kommt immer wieder das selbe bei raus. Die Urheber dieser Attacken sollten therapiert und / oder weg gesperrt werden.

Mittwoch, 13. Juli 2011

- Attacke auf **MySpace, Hetzseiten über Pear-Musik**

Auf **Screenshot-067** wurde auf einmal sehr fehlerhaft und verdreht geschrieben. Hatte das ggf falls etwas mit dem versagten Antrag Herrn Dr. Drommel als

Sachgutachter hinzuzuziehen ? Wenn ja, woher hätten die Täter das wissen können ?

These: Wie weit hätten dann die Täter Einblick in meinen Schriftverkehr und in meine Kommunikation mit Behörden und Anwälten haben können und müssen ? Haben wir etwa einen Maulwurf bei uns gehabt ? Wer hätte das sein können ? Au warte, wenn das so ist und alles mal rauskommt ... :).

Abbildung 54

Abbildung 55

Cybermobbing - Ein Opfer klagt an ...

Abbildung 56

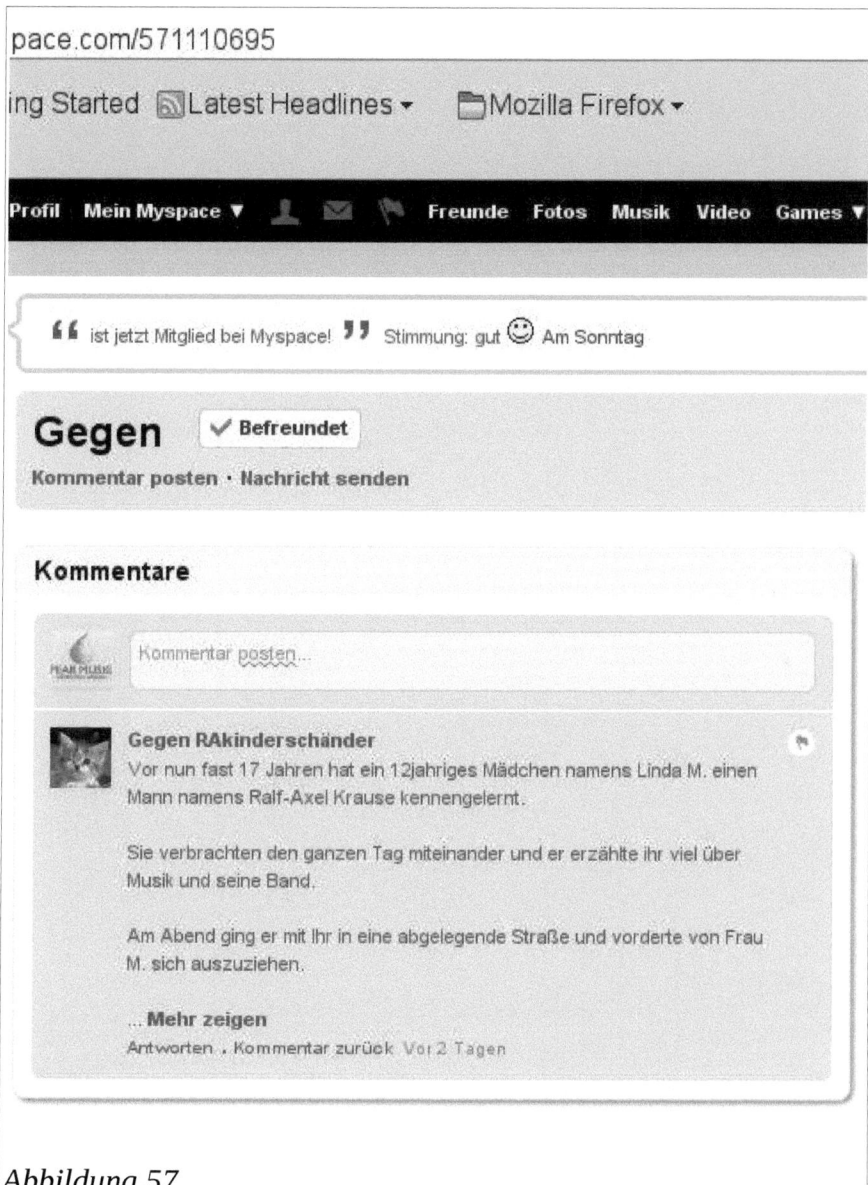

Abbildung 57

Cybermobbing - Ein Opfer klagt an ...

> pace.com/571110695
>
> ng Started Latest Headlines ▼   Mozilla Firefox ▼
>
> ... Mann namens Ralf-Axel Krause kennengelernt.
>
> Sie verbrachten den ganzen Tag miteinander und er erzählte ihr viel über Musik und seine Band.
>
> Am Abend ging er mit Ihr in eine abgelegene Straße und vorderte von Frau M. sich auszuziehen.
>
> Da sie jedoch nicht tat was er wollte und sie kurz davor war um Hilfe zu schreien, schlug er sie und brach zudem einen ihrer Finger.
>
> Er drohte damit sie weiter zu schlagen wenn sie nicht tat was er wollte. Nachdem er Fr. M. vergewaltätigt hatte vorderte er sie auf ihm auch noch einen "zu blasen".
>
> Bevor Herr Krause ging drohte er ihr schlimmste und heftigste taten an, sollte sie irgendjemanden davon erzählen.
>
> Frau M. hatte sich einige Zeit nach der Tat einige ihrer Finger sowie einen Teil Ihrer Zunge abgebissen.
> Da sie sehr christlich erzogen wurde kamen eine Abtreibung weder für sie noch für Ihre Eltern in frage.
>
> Ihr Kind wurde Alexander genannt.
> (Vor wenigen Jahren wurde auch ein Detektiv damit beauftragt DNA fähiges Material von Herrn K zu besorgen
> - Wie sie sich sicherlich vorstellen können ist die Vaterschaft mit 99,9% bewiesen. Jedoch hat Frau M. enorme angst vor einem Prozess und davor das Herr K. ihr extremes antuen wird).
>
> Frau M. hat bis heute mehr als 47 Selbstmordversuche, verschiedenste Therapien und unzählige Krankenhaus und Klinikaufenthalte hinter sich.
>
> Nur durch zufall hat sie jemanden kennengelernt welcher Herrn Krause kennt.
>
> Da es aber eine solche tat auch für Ihn unvorstellbar ist hat er Bilder von verschiedensten leuten und einige von Herrn Krause mitgebracht.
>
> Sie hat ihn auf anhieb wiedererkannt.
>
> Da Herr krause natürlich niemals freiwillig zugeben wird, was er Frau M. angetan hat, behauptet er selbstverständlich das es diese Frau nicht gibt und beschuldigt natürlich absolut jeden des Stalking.
> Antworten . Kommentar zurück Vor 2 Tagen

Abbildung 58

Abbildung 59

Oha, ... na das kommt mir ja langsam wirklich spanisch vor ! Wer in meinem (entfernten) Bekanntenkreis kann denn nun spanisch ? Wer will mir damit *was* zeigen ? Da kommen nicht viel in Frage ... Ich möchte sagen, das ich diese Personen an einer halben Hand abzählen kann. Aber das sind natürlich alles keine Fahndungshinweise und damit kann man ja überhaupt nichts anfangen :), oder doch ???

Übersetzung: Du bist so offenherzig und voraussagbar Der Kummer wird durch seinen Passierschein schmerzend sein

Freitag, 22. Juli 2011

- Attacke auf **MySpace**

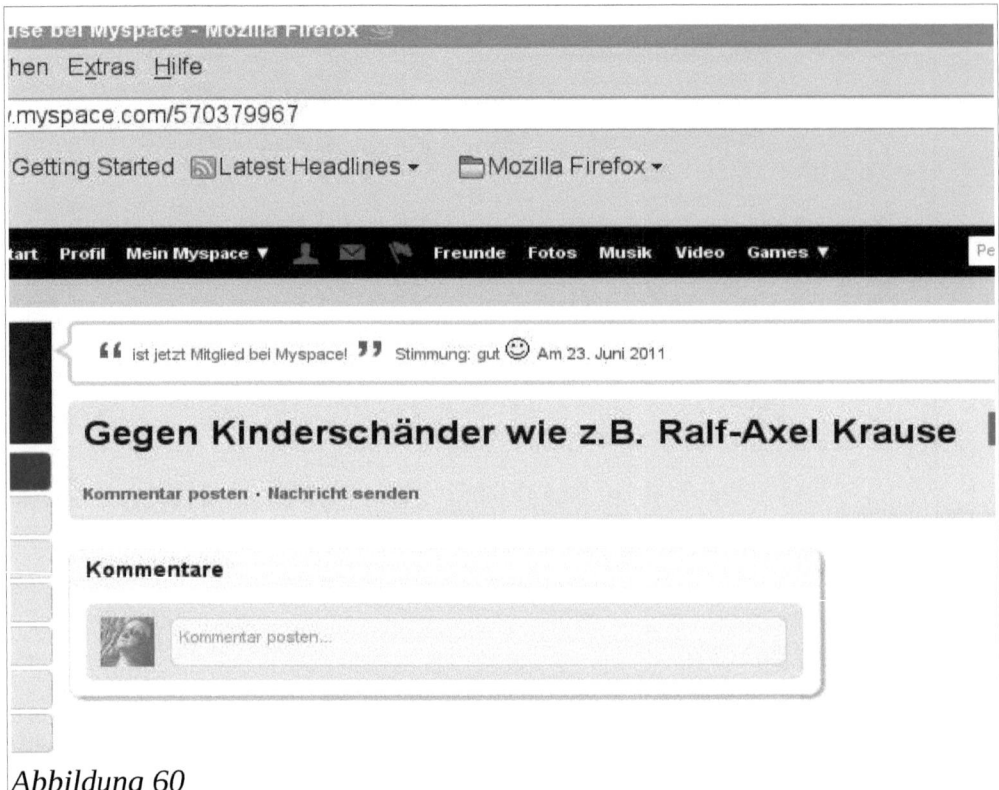

Abbildung 60

Mittwoch, 3. August 2011

- Schreiben der **Staatsanwaltschaft**

Das Verfahren wurde eingestellt, ...

Im Laufe dieser ganzen Odyssee wurden meine Zweifel an den Ermittlungsbehörden immer größer. Aber ich muss hier mal eine Lanze brechen. Unsere Staatskassen sind leer. Das geht u.a soweit, das man gezwungen ist sog. „Outsourcing" zu betreiben. Das heißt, man überlässt z.B. Verfahren wie sog. „EMA-Anfragen", oder das Prüfen von PC`s (z.B. beim Verdacht auf strafrelevantem Inhalt) Privatfirmen. Mir wird eiskalt und elend wenn ich daran denke, was sich hier für eine Form der Korruption bilden kann.

Es gibt Landstriche in Deutschland bei denen die Polizei über eine Stunde braucht, um zu einem Überfall zu gelangen. Es bilden sich vermehrt Bürgerwehren und selbst ein Vertreter der Polizeigewerkschaft stellte dies im Fernsehen als völlig selbstverständlich dar und begründete es damit, dass 1000e (!) Stellen weg gekürzt wurden und die Polizisten überlastet sind. Unter diesen Umständen, brauchen wir uns nicht zu wundern, wenn man in meinem Fall nichts machen kann, aber die Frage muss sein, wo führt das hin und vorallem: Haben wir das wirklich nötig ?

Montag, 8. August 2011

Schreiben an die **Polizei** ▮▮▮▮▮ wegen einer Mail mit sehr fragwürdigem Inhalt. Diese Mail ist mal wieder in spanisch geschrieben und ich habe versucht sie mit einem Onlineübersetzer ins deutsche zu bringen.

Wenn ich die Übersetzung lese kriege ich Zweifel, ob der Schreiber eventuell Drogen genommen hat, oder vielleicht auch nur kein spanisch kann. Ich kann kein einziges Wort spanisch, von daher kann ich auch nur erahnen, was sich dahinter verbergen könnte.

Aber wie sind die Ermittler damit umgegangen?

```
Amigo
Datum: Heute 09:24:25
Von: Gonzales Pendecho <gonzalespendecho@yahoo.com>
An: "der-bassist@▇▇▇▇" <der-bassist@▇▇▇▇>
Antwort an: Gonzales Pendecho <gonzalespendecho@yahoo.com>
```

¡Hallo!

Tu señora ▇▇▇ vieja y su hombre hacen muchas cosas malas Contigo. No conozco exactamente los otros. ▇▇▇ gente de la película. No admítete más en Wahlstedt con nadie. Tu señora Linda debe ser quitada a Ti y debes romperte. Nadie es tu amigo. Ellos con cuidado. No sé a la milicia, soy muy lejos, pero sé no eres culpable. El alojamiento mucho y se queda con tu mujer.

Amigo

Meine Übersetzung:

Ich finde!

Deine alte ▇▇▇ und sein Mensch machen viele schlechte Sachen mit Dir. Ich kenne die anderen genau nicht. ▇▇▇ Leute des Films. Sei mehr in Wahlstedt mit niemandem gestattet. Deine Frau Linda muss Dir weggenommen sein und du musst zerbrechen. Niemand ist dein Freund. Sie vorsichtig. Ich weiß in der Miliz nicht, ich bin sehr weit, aber weiß du bist nicht schuldig. Viele Unterkunft und er bleibt mit deiner Frau.

Freund

Abbildung 61

Donnerstag, 11. August 2011

- Attacke auf **einem "sozialen" Netzwerk** , ...

Cybermobbing - Ein Opfer klagt an ...

Abbildung 62

Widerlich, wenn man bedenkt, das es daraufhin weder eine Unterstützung noch sonst eine Reaktion aus der Leitung dieses „sozialen" Netzwerkes gegeben hat. „American Way of Live" eben ... Aber brauchen wir das hier in Deutschland ?

Cybermobbing - Ein Opfer klagt an ...

Abbildung 63

com/pages/gegen-Kinderschänder-wie-Ralf-Axel-Krause/16003006740351

Started Latest Headlines ▾ Mozilla Firefox ▾

er wollte.
Nachdem er Fr. M. vergewaltätigt hatte vorderte er sie auf ihm auch noch einen "zu blasen".

Bevor Herr Krause ging drohte er ihr schlimmste und heftigste taten an, sollte sie irgendjemanden davon erzählen.

Frau M. hatte sich einige Zeit nach der Tat einige Ihrer Finger sowie einen Teil Ihrer Zunge abgebissen.
Da sie sehr christlich erzogen wurde kamen eine Abtreibung weder für sie noch für Ihre Eltern in frage.

Ihr Kind wurde Alexander genannt.
(Vor wenigen jahren wurde auch ein Detektiv damit beauftragt DNA fähiges Material von Herrn K zu besorgen - Wie sie sich sicherlich vorstellen können ist die Vaterschaft mit 99,9% bewiesen. Jedoch hat Frau M. enorme angst vor einem Prozess und davor das Herr K. ihr extremes antuen wird).

Frau M. hat bis heute mehr als 47 Selbstmordversuche, verschiedenste Therapien und unzählige Krankenhaus und Klinikaufenthalte hinter sich.

Nur durch zufall hat sie jemanden kennengelernt welcher Herrn Krause kennt.

Da es aber eine solche tat auch für Ihn unvorstellbar ist hat er Bilder von verschiedensten leuten und einige von Herrn Krause mitgebracht.

Sie hat ihn auf anhieb wiedererkannt.

Da Herr krause natürlich niemals freiwillig zugeben wird, was er Frau M. angetan hat, behauptet er selbstverständlich das es diese Frau nicht gibt und beschuldigt natürlich absolut jeden des Stalking.

Aktueller Wohnort	Wahlstedt
Webseite	http://www.der-bassist.de http://www.youtube.com/user/PearMusicGbR

Abbildung 64

Donnerstag, 11. August 2011

- **Der aktuelle Stand bei Google**:

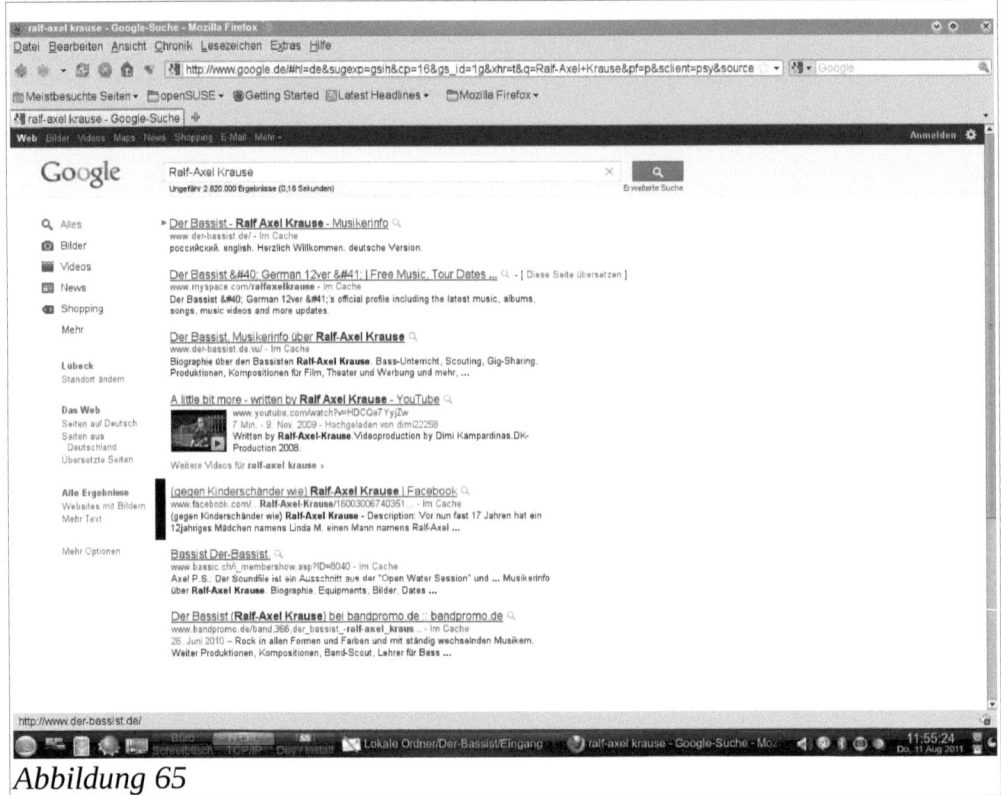

Abbildung 65

Auch hier gab es zunächst nur eine sehr bedürftige Reaktion von Google, die nicht mehr war, wie eine vorformatierte Mail in englischer Sprache ! Letztlich musste ich einen Anwalt bemühen, um diese Einträge – hier war es zunächst nur einer – entfernen zu lassen. Möge sich jeder selber ein Bild von der emotionalen und moralischen Haltung machen ... denn formaljuristisch war bestimmt wieder alles in Ordnung !

Freitag, 12. August 2011

- **Nordclick, Annonce**

Abbildung 66

Freitag, 12. August 2011

- Schreiben an die **Staatsanwaltschaft, Nochmals Beweismittelantrag für den Linguisten Dr. Drommel, incl. Kostenrechnung.**

Donnerstag, 18. August 2011

- **Polizei:**

9:00 Uhr: von der Pol. Wurde mir mitgeteilt, das ich mich künftig an einen anderen Sachbearbeiter wenden möchte. Später wurde mir nahe gelegt, die Polizeiwache in ▇▇▇ nicht mehr zu belegen, sondern die Vorgänge alle zu sammeln und dann bitte an die Staatsanwaltschaft zu schicken … Diese Form der Zurückweisung, auch wenn sie mal wieder formaljuristisch korrekt ist, empfand ich, vornehm ausgedrückt, als demütigend und beängstigend ! Als ich mir wesentlich später einmal die Erklärungen dazu anschauen konnte, ist mir speiübel geworden. Das man in Deutschland ein Opfer von Straftaten derartig demütigen darf und dies auch noch rechtlich korrekt ist, erinnert mich an gewisse geschichtliche Ereignisse, …

Freitag, 19. August 2011

- Schreiben an die **Polizei**

Der Tatverdächtige „B" hat mir bei einem Treffen, lange vor dem Cybermobbing, sog. „Backdoor Zugangsdaten" für Internetseiten mit Kinderpornografie angeboten. Als ich ihn dann fragte, warum er sowas hat und mir das anbietet, hat er nur mit den Schultern gezuckt … Ich wusste zu dieser Zeit nicht, ob das nur dumme Prahlerei war, oder was der auch immer von mir wollte. Ich war im Konflikt diese Person bei der Polizei zu melden, weil ich einen guten Draht zu seinem Vater hatte. Ich weiß, das es ein Fehler war, denn dies hätte vielleicht noch einiges mehr klären können. Ich weiß nicht, ob diese Person tatsächlich pädosexuelle Gefühle in sich birgt – so was sieht man ja keinem an der Nase an – oder ob er mich vielleicht testen wollte ? In jedem Fall: Grenzwertig !

Mitteilung an die Polizei: Der Tatverdächtige „A" ist immer wieder dadurch aufgefallen,, das er sich bei uns gemeldet hat, wenn etwas vorgefallen ist. Entweder 5 Min vorher, oder 5 Min später ... Vielleicht kein Beweis, aber wenigstens ein Hinweis, oder ein Indiz, oder !?!

Sonntag, 4. September 2011

- Attacke auf **einem "sozialen" Netzwerk** , ….

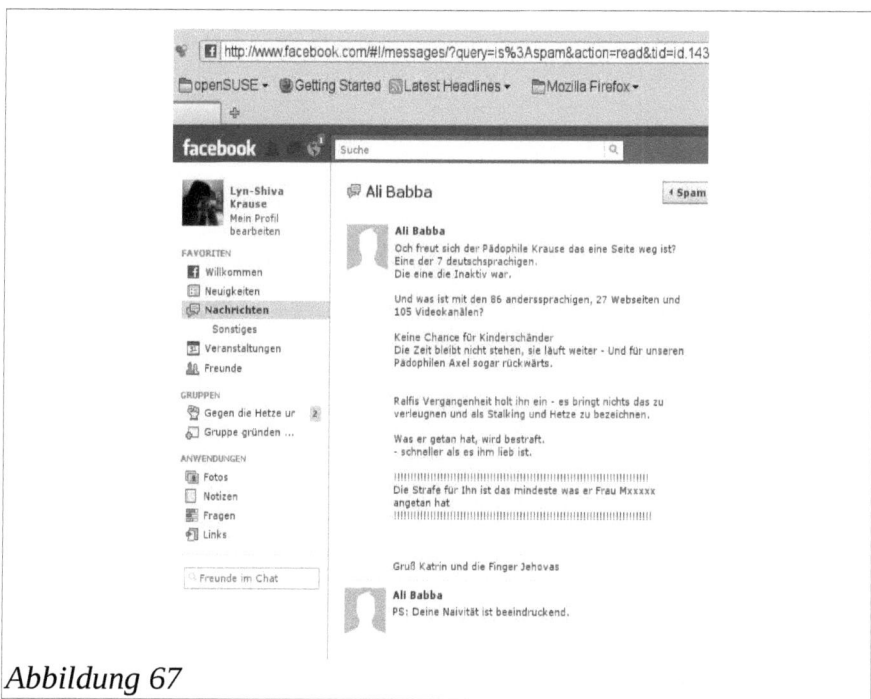

Abbildung 67

Freitag, 16. September 2011

- **Lieferung eines Hinterschinkens aus Spanien**

Ich dachte mich laust der Affe. Da bringt mir die Post einen Schinken und mein Nachbar nimmt diesen in aller Unwissenheit noch an. Der arme Kerl wusste das ja nicht anders und wollte mir einen Gefallen tun.

Ich schleppte das Ding zur Polizei, die sich dann alles notiert haben, aber mit dem „guten Stück" sonst auch nichts mit anfangen konnten.

Warum gerade einen Schinken ? Warum auch gerade aus Spanien ? Sind das vielleicht Hinweise, oder sog. Indizien ? Ein Schelm, wer das war hinter vermutet :)

Eine Bekannte, hatte den Spitznamen „Schinky" wenn ich mit Ihr frötzelte ... Aber auch das heißt ja nicht, das diese Person da persönlich hinter stehen muss.

Ein Zeuge teilte mir einmal in einem Gespräch darüber mit, das gewisse Personen bei denen der Tatverdacht recht unklar war, zu dieser Zeit in Spanien gewesen sein sollen. Auch dies habe ich den Ermittlungsbehörden mitgeteilt.

Freitag, 7. Oktober 2011

- Fakepakete bei **Amazon**, …

Letzte Mahnung 05.10.2011

Guten Tag Ralf-Axel Krause,

wir haben Ihnen bereits per E-Mail mitgeteilt, dass unsere Lastschrift für Ihre Marketplace-Bestellung nicht eingelöst wurde. Wir baten um Überweisung, konnten aber bisher keinen Zahlungseingang verbuchen.

Wir fordern Sie hiermit auf, den ausstehenden Betrag in Höhe von **120,90 EUR** mittels beiliegenden Überweisungsträgers bis spätestens 15.10.2011 (Datum des Zahlungseingangs) unter Angabe von **014800226941** auf folgendes Konto zu überweisen:

Empfänger: Amazon Services Europe SARL
Kreditinstitut: Deutsche Bank Muenchen
Kto: 200742502
BLZ: 70070010

Der Betrag setzt sich wie folgt zusammen:
Rechnung 114,90 EUR
Bearbeitungsgebühr 6,00 EUR
Gesamtbetrag 120,90 EUR

Wir weisen darauf hin, dass nach Ablauf dieser Frist weitere rechtliche Schritte beabsichtigt sind. Bitte ersparen Sie sich und uns die dadurch entstehenden Unannehmlichkeiten und Kosten. Sollten Sie den Betrag inzwischen überwiesen haben, betrachten Sie bitte dieses Schreiben als gegenstandslos.

Hinweis:
Dieses Schreiben bezieht sich auf Ihre Bestellung 303-5964970-5812324. Sie können diese Bestellung jederzeit über "Mein Konto" auf der Website (http://www.amazon.de/) einsehen. Geben Sie hierzu einfach die Bestellnummer in dem Feld "Bestellungen suchen" ein und klicken Sie auf "Los".

Vielen Dank und freundliche Grüße
Amazon.de

Telefon 0180 5010272 (14 ct/Min aus dem dt. Festnetz, Mobilfunk max. 42 ct/Min)
Fax 0180 5771584 (14 ct/Min aus dem dt. Festnetz)
Email mp-lastschriftservice@amazon.de
Servicezeiten Montag - Freitag 08:00 bis 19:30 Uhr
Samstag - Sonntag 10:00 bis 16:00 Uhr

Abbildung 68

```
Forderung der
Amazon EU SARL / Marketplace
aus Warenlieferung


Sehr geehrter Herr Krause,

wir zeigen an, dass uns das vorbezeichnete Unternehmen beauftragt hat, seine Interessen Ihnen
gegenüber wahrzunehmen.

Auf der Grundlage der uns vorliegenden Unterlagen ergibt sich, dass Sie unserer Auftraggeberin aus
laufender Geschäftsbeziehung die nachfolgend aufgeführten Beträge - einschließlich unserer
Inkassovergütung - schuldig sind:

Haupt- / Restforderung                                              114,90 EUR
 5,00 Prozentpunkte über Basiszins Zinsen bis zum 12.11.2011          0,46 EUR
Vorgerichtliche Mahnauslagen                                          6,00 EUR
Kontoführungskosten, Auslagen gem. § 670 BGB                          9,50 EUR

Inkassovergütung                                                     45,00 EUR

Wir fordern Sie auf, den Gesamtbetrag von                           175,86 EUR
bis zum 12.11.2011 an uns zu überweisen

Nach fruchtlosem Ablauf dieser Frist, wird unsere Auftraggeberin umgehend das gerichtliche Mahnverfahren
gegen Sie, Herr Ralf-Axel Krause, einleiten.
Wir weisen schon jetzt darauf hin, dass dies mit **nicht unerheblichen Kosten** verbunden sein wird.

Mit freundlichen Grüßen

BFS risk & collection GmbH
```

Abbildung 69

Ein Inkassounternehmen, die mich schon 3 mal unter einer falschen E-Mailadresse angeschrieben haben müssen. Klar was hier passiert ist. Die Täter haben mit einer falschen E-Mailadresse auf meinen Namen, mit meiner Adresse, bestellt und es dann einfach laufen gelassen …

Aber auch hier gibt es keine Hilfe und keine Vorsichtsmaßnahmen. „Der Markt regelt sich von alleine" ...

Montag, 31. Oktober 2011

- **Fernsehen**

Das war der Supergau in der ganzen Geschichte ...

Hier kam es durch eine Fernsehsendung in der ich eigentlich nur meinen Fall darstellen wollte, durch einige äußerst komplizierte Missverständnisse fast zu einem Eklat. In jedem Fall habe ich eine sog. einstweilige Verfügung bekommen durch die ich bestimmte Personen - die ich hier aus Gründen der Unversehrtheit ebenso nicht nennen werde - nicht als tatverdächtig benennen darf.

Auch wenn ich mich hier ausdrücklich davon distanziere überhaupt bestimmte Personen als Täter zu benennen, behalte ich mir vor, das dieses Verfahren – und ich meine ausdrücklich nur dieses Verfahren – einige, mir unerklärliche Verläufe und Situationen aufzeigte.

Ich bin kein Volljurist und kann es von daher zur Zeit nicht genau abschätzen, aber ich werde dieses Verfahren noch einmal durch meinen Anwalt, prüfen lassen.

Die Täter hingegen, machen sich über diese Sache extrem lustig und meinen, sie hätten mich genau da, wo sie mich haben wollten. In weiteren Bedrohungen und Belästigungen, öffentlich und im besonderen in sozialen Netzwerken, wurde ich beschimpft, das ich unschuldige Personen verdächtigen würde. War ja nicht ganz falsch, wenn man es formaljuristisch betrachtet, aber was steckte dahinter ?

Wie gesagt, wir sind mit kleinen Schritten, aber beständig dabei, diese Sachen zu klären !

Mittwoch, 2. November 2011

Schreiben der Staatsanwaltschaft: Wiederaufnahme

Donnerstag, 3. November 2011

Mail von einem ▇▇▇▇ der sich als Zeuge anbot.

Abbildung 70

Diese Mail habe ich umgehend bei der Polizei abgegeben. Egal was da passiert ist, zum Fahndungserfolg hat es wohl nicht geführt. Weitere Mails von diesem wirklich sehr hilfsbereitem Mitbürger habe ich eben so der Polizei übergeben (s.w.u.).

Freitag, 4. November 2011

- **Bücher.de**

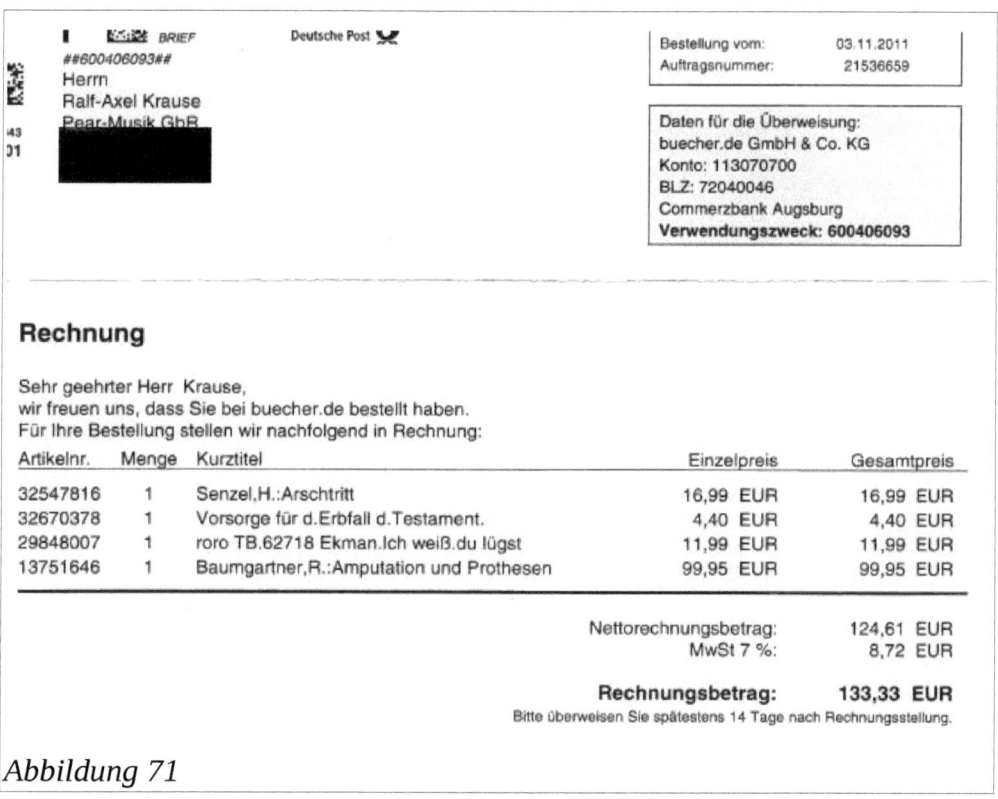

Abbildung 71

Hier eine weitere über Identitätsdiebstahl gemachte Bestellung auf meinen Namen. Die Titel der Bücher sprechen Bände !

Donnerstag, 24. November 2011

Schreiben an die **Staatsanwaltschaft.** Mitteilung über eine weitere Mail eines Zeugen, der etwas zur Fahndung der Täter hätten beitragen können.

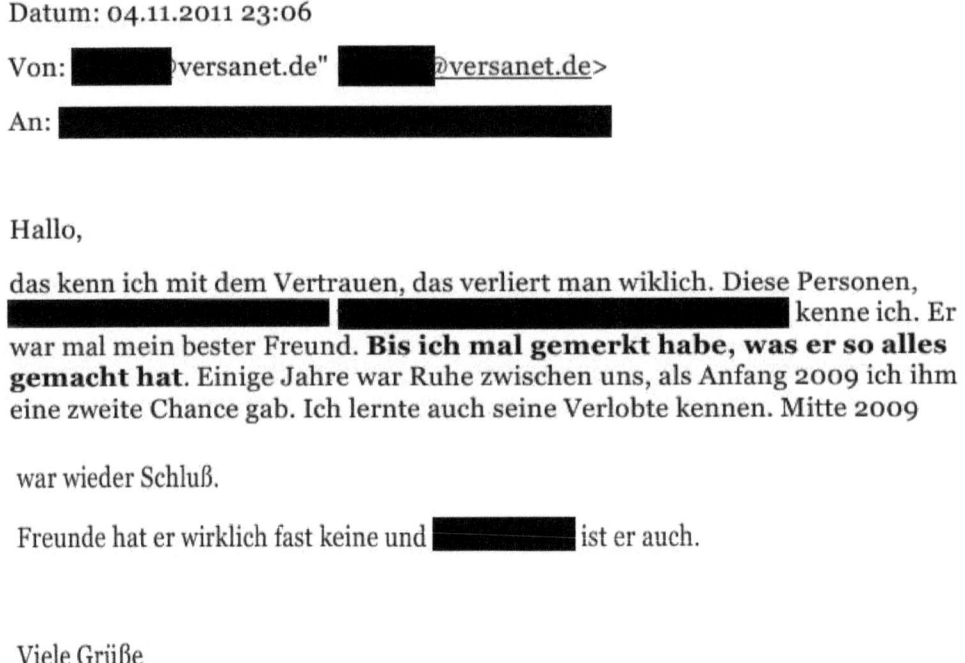

Leider muss ich das hier wieder etwas mehr schwärzen, da sich sonst die falschen Leute angesprochen fühlen könnten.

Sonntag, 4. Dezember 2011

- **HaGalil e.V.**

Hier ein E-Mailverlauf, über einen weiteren Betrug incl Identitätsdiebstahl der Täter. Hier eine Spende an HaGalil e.V. Dies ist ein Jüdischer Verein aus München.

Von: Ralf-A Krause [mailto:ralfakrause@ymail.com]
Gesendet: Dienstag, 6. Dezember 2011 14:19
An: haGalil e.V.
Betreff: Re: AW: Einzugsermächtigung
Ja ich meine neunhundert €
Mit freundlichen Grüßen
Ralf-Axel Krause

Von: haGalil e.V. <verein@hagalil.org>
An: 'Ralf-A Krause' <ralfakrause@ymail.com>
Gesendet: 21:11 Montag, 5.Dezember 2011
Betreff: AW: Einzugsermächtigung

Sehr geehrter Herr Krause,
vielen Dank für Ihre mail, mir hat sie die Sprache verschlagen und ich muß doch nochmals
nachfragen: meinen Sie wirklich 900,00 monatlich oder war es ein Tipfehler. Es wäre ja Klasse und
ich kann mich nur sehr herzlich bedanken, dass Sie unsere Arbeit so schätzen.
Beste Grüße aus München
Eva Ehrlich
haGalil e.V.

Von: Ralf-A Krause [mailto:ralfakrause@ymail.com]
Gesendet: Sonntag, 4. Dezember 2011 22:41
An: verein@hagalil.org

Betreff: Einzugsermächtigung

Einzugsermächtigung
Ich ermächtige haGalil e.V. von meinem Konto 54480770, BLZ 21290016, Bankname VB Raiffbk
Neumünster
Monatlich zum Datum 15. die Summe von 900,00 Euro per Lastschrift einzuziehen.

Krause, Ralf-Axel,
Pear-Musik GbR
eMail ist virenfrei.

Von AVG überprüft - www.avg.de
Version: 10.0.1411 / Virendatenbank: 2102/4056 - Ausgabedatum: 04.12.2011
eMail ist virenfrei.
Von AVG überprüft - www.avg.de
Version: 10.0.1411 / Virendatenbank: 2102/4058 - Ausgabedatum: 05.12.2011

Montag, 5. Dezember 2011

- Auszug aus einem Schreiben an die **Staatsanwaltschaft:**

Als weiteres ging heute gegen 12:15 ein Anruf bei mir ein, den ich aufgrund meiner Abwesenheit nicht selber entgegennehmen konnte. Meiner Verlobten wurde mitgeteilt, das die „Aktion Deutschland hilft" sich über eine Spende von einmal

1.000,00 €
und einmalig

15.000,00 €
Gesamtbetrag : 16.000,00 €

von meinem u.g. Konto, als Spende abbuchen wollte. Ich habe dann unter der mir hinterlassenen Telefonnummer

zurückrufen können um die Abbuchungen zu stornieren. Der Vertreter der o.g. Gesellschaft hat mir zugesagt, entsprechende Fahndungsdaten an die Polizei in Wahlstedt weiterzuleiten. Darüber hinaus wird geprüft, ob hier ebenso eine Strafanzeige gegen Unbekannt gestellt wird.

Frage: Wie konnten die Täter auf meine Kontonummer kommen ? Ganz einfach, ich war selbstständig und musste gewisse Daten auch öffentlich machen. Die Bankdaten hatte ich auf meiner Homepage hinterlassen. In der naiven Annahme, das sowas ja in unserem Land nicht passieren kann. Ich kann nur dringend empfehlen mit der Veröffentlichung privater, oder firmeneigener Daten äußerst sensibel zu sein. Es gibt bei Gewerbetreibenden gewisse Sachen, wie z.B. Anschrift und Telefonnummer, die öffentlich sein müssen. Ich empfehle hier z.B. eine Servicenummer (0180, 0800, etc) und auch eine Postfachadresse !

Montag, 5. Dezember 2011

- **Eine Mail:**

Hallo mein Freund, ...

Is so ruhig, nicht wahr?
so ruhig!!
glaubst du etwa das wir dich dreckigen Pädophilen nicht mehr beobachten?
da liegst du FALSCH!!!!
jeden tag beobachten wir dich, jeden tag!
Weist du,
wir brauchen 3 sekunden um deine tür aufzubrechen
3 weitere um neben dir zu stehen und zu sehen, wie du vor angst ins bett machst und noch eine um mit einer Axt deine beine "zu bearbeiten".
Ein paar fragen die du dir schon einmal stellen kannst,

was passiert wenn man benzin in die augen bekommt?
was passiert wenn man einem säure in die hoden injiziert?
was passiert wenn die scharfe seite der axt auf deine hand einschlägt?
...
...
...
...
...
...
"gute" nacht mein krausielein
PS: die zeit läuft immer weiter auf die 0 zu!!!!!!!!!
tic, tac, tic, tac, tic, tac, tic, tac, tic, tac, tic, tac, tic, tac, tic, tac, tic, tac, tic, tac, tic,
tac, tic, tac, tic, tac, tic,
tac, tic, tac, tic, tac, ... klopf, klopf xD

Montag, 5. Dezember 2011

- **Auszug aus einem Schreiben an die Staatsanwaltschaft:**

Als weiteres erging heute gegen 12:15 ein Anruf bei mir ein, den ich aufgrund meiner Abwesenheit nicht selber entgegennehmen konnte. Meiner Verlobten wurde mitgeteilt, das die „Aktion Deutschland hilft" sich über eine Spende von einmal

1.000,00 €

und einmalig

15.000,00 €

Gesamtbetrag : 16.000,00 €

von meinem u.g. Konto, als Spende abbuchen wollte. Ich habe dann unter der mir hinterlassenen Telefonnummer

„0 22 82 – 42 92 410"

zurückrufen können um die Abbuchungen zu stornieren. Der Vertreter der o.g. Gesellschaft hat mir zugesagt, entsprechende Fahndungsdaten an die Polizei in Wahlstedt weiterzuleiten. Darüber hinaus wird geprüft, ob hier ebenso eine Strafanzeige gegen Unbekannt gestellt wird.

Abbildung 72

- **Ein Trittbrettfahrer** erscheint auf der Bildfläche.

Jemand der anscheinend nicht loslassen kann und nicht versteht, das Menschen nicht jede Form der Nähe akzeptieren. Genauer gesagt, meine Verlobte hatte einen Verehrer, der es nicht ganz umsetzt, das es Grenzen gibt !

Dieser Mensch hat sich trotz eindeutiger Ansagen meinerseits und seitens meiner Verlobten immer wieder auf verschiedenen Formen, wie Mails, oder SMS, bei uns gemeldet. Ich wollte Ihm klar machen, wie er meiner Verlobten damit schadet, was dieser in seinem anscheinend depressivem Geist gleich als Anlass genommen hat, im Internet (auf seiner Seite in einem sozialen Netzwerk) zu behaupten, das ich ihn bedroht hätte. Lächerlich !

Dies wurde jedoch nicht weiter verfolgt, obwohl sich diese Person in einem sehr kuriosem Schreiben erklärt hat und auch ebenso eine Unterlassungserklärung unterschrieben hat.

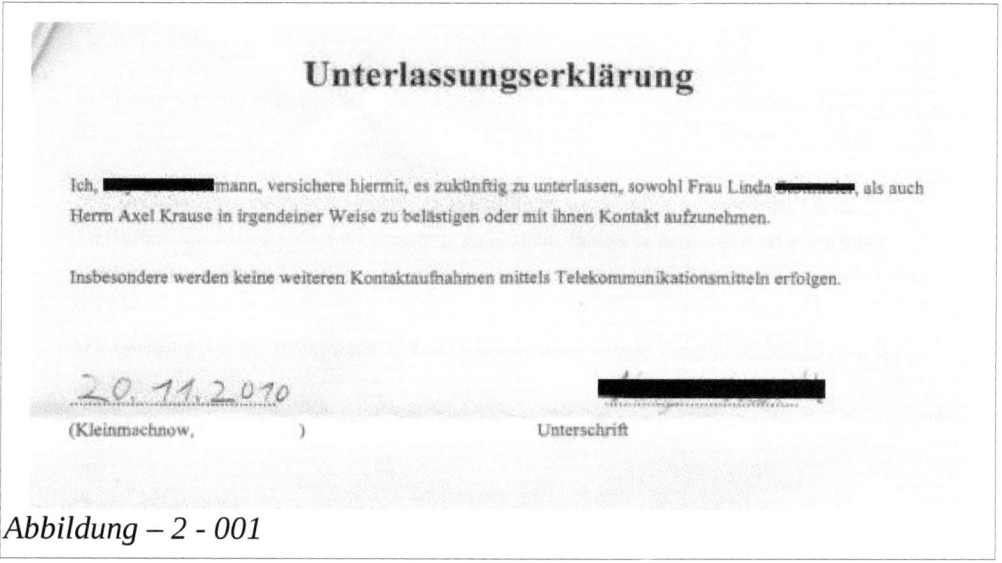

Abbildung – 2 - 001

Entschuldigung

Hiermit möchte ich mich in aller Förmlichkeit entschuldigen, das sich Ihre Mandanten Fr. Linda ▬▬▬ und Herrn Axel Krause durch mich belästigt gefühlt haben.

Zudem möchte ich mich auch für mein Benehmen entschuldigen, welches durch meine Eifersucht, Trauer und Wut durch eine Mitteilung von Herrn A. Krause, *(welche ich zur der Zeit als Drohung annahm und durch eine weitere Nachricht von Ihm welche mir zu der Zeit auch den Eindruck vermittelte, dass dies so gemeint gewesen sein sollte)*, verursacht wurde.

(Anbei habe ich die beiden Nachrichten beigefügt und die jeweiligen stellen markiert, wodurch ich *damals* den oben genannten Eindruck hatte).

Des weiteren möchte ich aber auch angeben, dass ich nach dem Schriftverkehr mit Herrn K. (vom 2.Oktober 2010) angeboten hatte mich persönlich mit Ihm zu treffen um mit ihm in Ruhe darüber zu sprechen was geschehen ist und dies zu klären. Wobei es aber von seiner Seite aus aber scheinbar kein Interesse zu geben schien.

Zusatz: Sie schrieben ich würde sie auch mit Mails belästigen, da ich Ihnen aber *seit dem 02.10.2010 nicht eine Mail* geschrieben habe, würde es mich nun interessieren, was in den Mails steht, welche ich Ihr danach gesendet haben soll, welche nach Ihren Angaben ja existieren müssen. Daher würde ich, wenn es möglich ist, gerne erfahren was in diesen Mails steht.

Abbildung -2 - 002

Da es sich bei dem Verfasser offensichtlich um einen psychisch kranken Menschen handeln muss, ist es mir um so unverständlicher, warum die Ermittlungsbehörden hier nicht tätig geworden sind. Sofern ich durch meine Verlobte erfahren habe – und das sei jetzt mal auch mit aller Vorsicht zu betrachten – hat dieser Mensch ein depressives Symptom und eine Borderlinestruktur. Dies würde zumindest erklären , warum er diese Form von Nähe-Distanz-Verhalten hat.

Wahrscheinlich, wenn der Inhalt der „Abbildung – 2 – 002" repräsentativ für seine Persönlichkeit ist, dann haben wir es auch mit einer leichten Debilität zu tun.

Warum wird hier seitens der Ermittlungsbehörden nicht gehandelt ?

Ab Dezember 2014 gab es wieder Attacken, die erneut auf diesen Verfasser deuten könnten.

Dienstag, 6. Dezember 2011

- **Auszug aus unserem Tagebuch**

Lyn, meine Verlobte, war nun in 2011 mehrfach wegen suizidalem Verhalten im Krankenhaus. Immer wieder hat sie sich mit irgendwas (meistens Schlaftabletten und Paracetamol) vergiftet, oder sich die Pulsadern aufgeritzt, wenn die Attacken im Netz überhand genommen haben. Ich habe Ihr Blut weg gewischt, ich habe Sie beatmet und Herzdruckmassage gemacht. Es war ein Horrorfilm. Aber auch hier, keine Hilfe von nirgendwo. Wenn jemand suizidal ist, kann es sein, das die Polizei vorbeikommt und noch mal nach dem rechten sieht. Eine Ironie, wenn dann die Beamten der Wache, in der man schon „die Schnauze voll von meinem Fall" hatte, kommen und fragen, ob ich meiner Verlobten etwas angetan hätte … Vielen Dank, Deutschland :(

Menschen sind nie berechenbar ! Somit kann ich, wie kein anderer Mensch auf dieser Welt, für nichts garantieren, was passiert wäre, wenn meine Verlobte das nicht überlebt hätte … Aber zum Glück ist es soweit nie gekommen !

Sonntag, 11. Dezember 2011

- **Auszug aus einem Schreiben an die Staatsanwaltschaft:**

Sehr geehrte Damen und Herren,

erneut hat man versucht sich an meinem Konto zu vergreifen.

Ich erhielt gestern 2 Anrufe von Institutionen die sich für eine Spende bedanken wollten. Zum einen war dies der Verein,

      Médecins Sans Frontières / Ärzte ohne Grenzen e.V.
      Am Köllnischen Park 1

      D - 10179 Berlin

      Tel.: +49 (0)30.700 130 – 146
      Fax: +49 (0)30.700 130 – 340
      Mobile: +49 (0)163.880 84 17

      E-Mail: ▮@berlin.msf.org,

Am Telefon war ein Herr Ol▮k, der sich für eine Spende von 5000 € bedanken wollte. Dieser netter Mensch versicherte mir, das er sich auf jeden Fall auch mit den zuständigen Ermittlungsbehörden auseinandersetzen wird und das der Verein alles tun wird um sachdienliche Hinweise zu liefern, die zur Ergreifung der Täter führen können. Anschrift und Aktenzeichen der Staatsanwaltschaft und der Polizei habe ich Herrn ▮k zukommen lassen.

Abbildung 73

Freitag, 16. Dezember 2011

- **Ärzte ohne Grenzen**

Vielen Dank für Ihre Unterstützung!

Sehr geehrter Herr Krause,

herzlichen Dank, dass Sie ÄRZTE OHNE GRENZEN dauerhaft unterstützen. Über Ihr Vertrauen freuen wir uns sehr. Mit Ihrer Spende tragen Sie dazu bei, dass Menschen Hilfe erhalten, die durch Naturkatastrophen oder Kriege in Not geraten sind. ÄRZTE OHNE GRENZEN leistet diese Hilfe unabhängig von der Herkunft der Opfer, ihrer religiösen oder politischen Überzeugung.

Folgende Daten haben wir unter Ihrem Namen aufgenommen:

Kontoverbindung: Kontonummer 0054480770, BLZ 21290016
Name der Bank: Volksbank Raiffbk Neumünster
Spendenhöhe: 50 EUR
Spendenmodus: monatlich
Spendenbeginn: 01.12.2011
Ihre Spendernummer lautet: 02751220

Ihre Spende verwenden wir sorgfältig und effizient in unseren weltweiten Nothilfeprojekten. Unser Spendermagazin Akut informiert Sie zukünftig vierteljährlich über unsere Projekte und die Verwendung der Spenden. Viel Spaß damit!

Im Februar des nächsten Jahres senden wir Ihnen eine Gesamtspendenbescheinigung über alle Ihre Zuwendungen. Damit helfen Sie uns, unsere Verwaltungskosten zu minimieren.

Sie haben Fragen oder möchten die angegebenen Daten zu Ihrer Einzugsermächtigung ändern? Dann erreichen Sie uns per Telefon unter 030 700 130 130 oder via E-Mail: Spenderservice@berlin.msf.org

Mit freundlichen Grüßen

Thomas Kurmann
Leiter der Spendenabteilung

Abbildung 74

Dienstag, 20. Dezember 2011

- Attacke auf **einem "sozialen" Netzwerk** , …

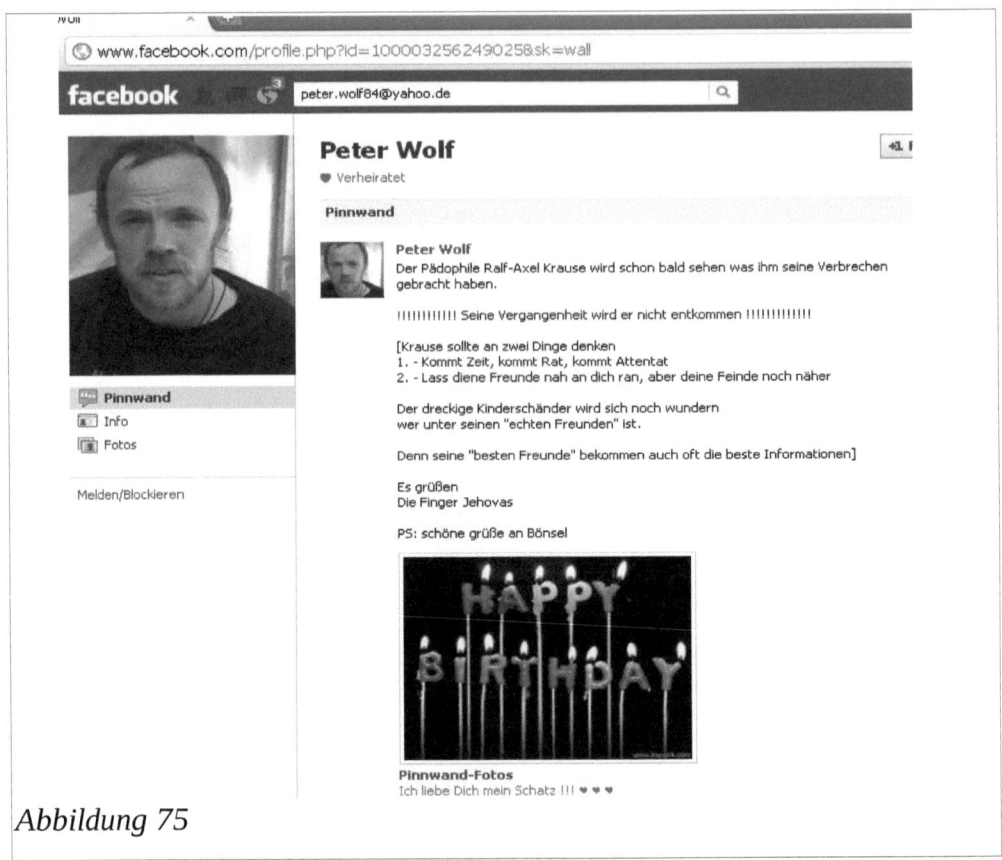

Abbildung 75

Dienstag, 3. Januar 2012

- **Anruf von unbekannt:**

Angeblich hätte **i**ch eine Rundmail verschickt und behauptet er wäre ein Denunziant. Der Anrufer wollte seinen Namen nicht nennen. Ich verwies darauf, das er mich ansonsten gerne bei der Polizei anzeigen könne.

Mittwoch, 4. Januar 2012

- Attacke auf **einem "sozialen" Netzwerk** , …

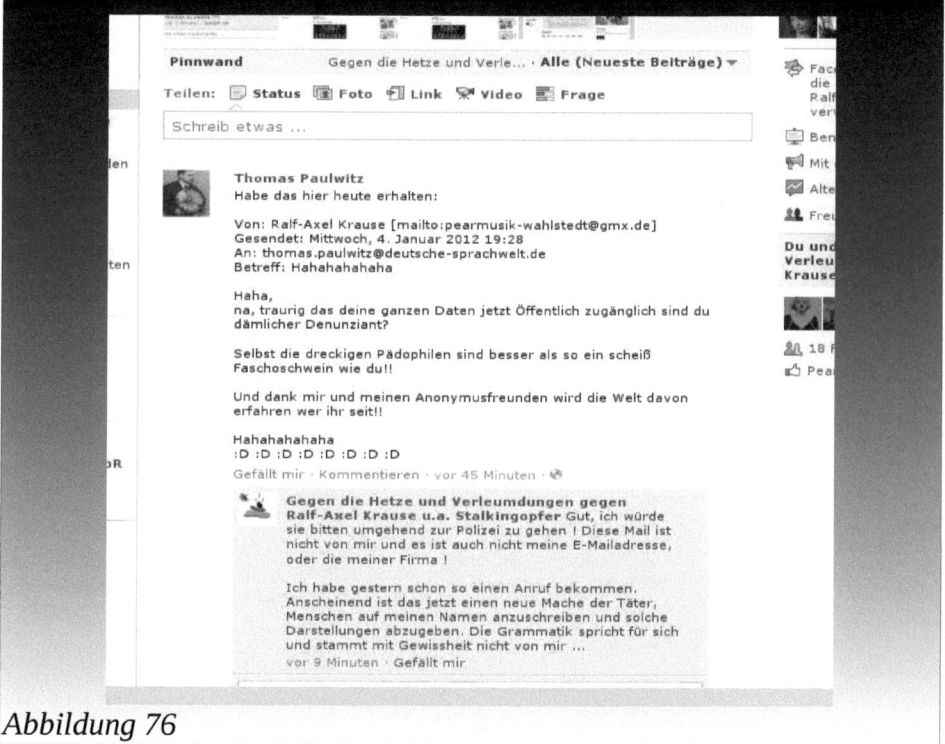

Abbildung 76

Mittwoch, 4. Januar 2012

- Mail von **Chiselle Manguda**

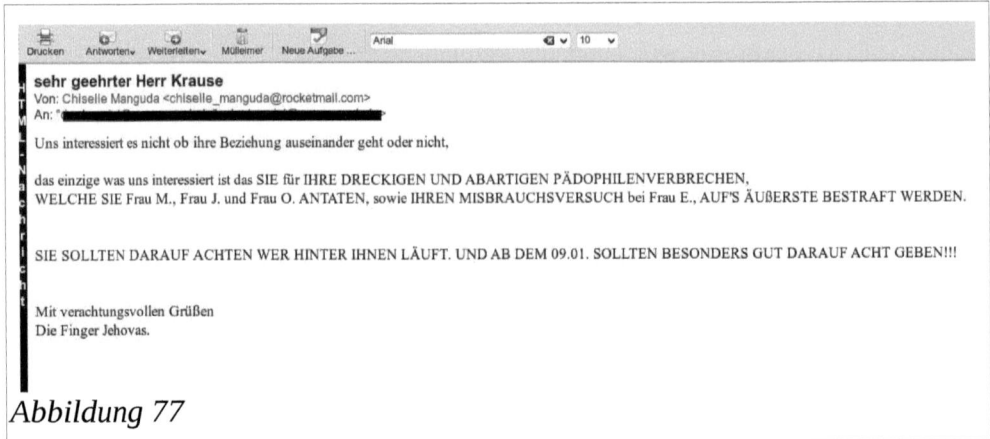

Abbildung 77

Freitag, 6. Januar 2012

- Mail von **„Anna Hirawa"**

Immer wieder lästige Mails von „irgendwelchen" Personen, die mir Ihre Grenzwertigkeiten aufdrücken wollten:

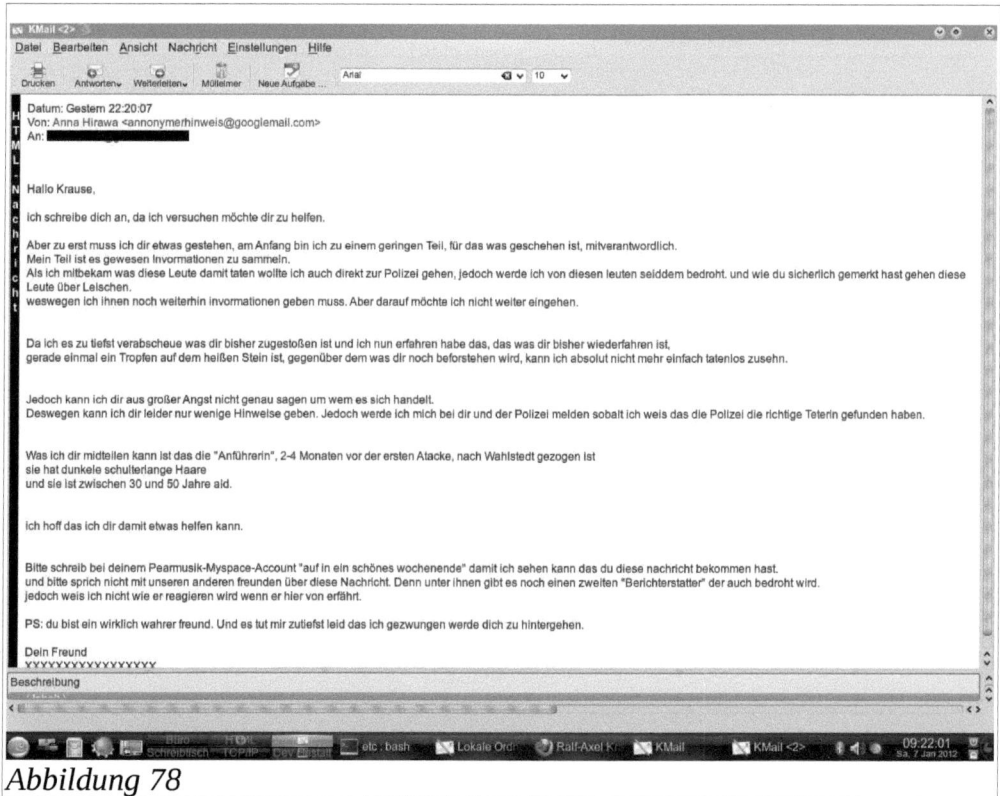

Abbildung 78

Sonntag, 8. Januar 2012

- **Thomas Waldhausen**

Immer wieder zeigt sich, das man Kontakt mit mir haben will. Auf Anraten der Ermittler haben wir aber stets alles ignoriert, was die Täter uns geschickt haben.

Abbildung 79

Dienstag, 10. Januar 2012

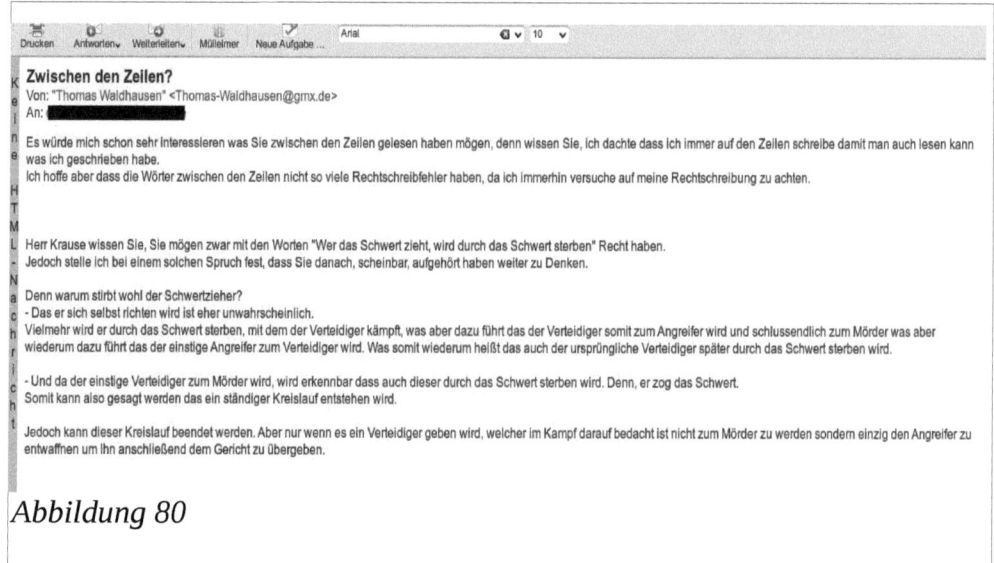

Abbildung 80

Mittwoch, 11. Januar 2012

Schreiben an die **Polizei** über die Tatsache, das sich die Täter auch mit Identitäten von Personen aus meinem nähren und entfernten Bekanntenkreis bedient haben.

Freitag, 13. Januar 2012

- **Das Großmaul**

Dieses Posting *(Abbildung 81)* ist auch so eine Enttäuschung von einem „Freund", den ich aus meiner Jugend kenne. *„Krause, in 2 ½ Stunden bin ich mit mindestens 8 Freunden in Deinem Dorf und dann gibt es mit dem Baseballschläger, wenn Dich einer ärgert, …"* Abgesehen, das ich mich von dieser Gewaltandrohung distanziere – auch wenn ich den Schutz und die Anteilnahme nachvollziehen kann und es mir irgendwie auch eine Form ein Gefühl von Sicherheit gegeben hat – hat sich diese Feige Memme nicht mal zur Polizei getraut, als die Täter ihn mit reingezogen haben, in dem sie u.a. behauptet haben, er sei auf Ihrer Seite ! Naja, ich halte es für ein Zeichen dafür, was Drogen alles aus einem Menschen machen können.

Abbildung 81

> „moin herr micky krause!!du,ich hab mir das nochmal durch den kopf gehen lassen,mit dieser bullensache!hab darüber mit meiner frau gesprochen,und wir sind der meinung das ich da erstmal nichts machen werde.da stand doch nur mein name...nicht böse sein.lg. ███"

Abbildung 82

Das ist im Übrigen auch das, was ich meine, wenn ich von „falschen Freunden" rede ! Klar, das ich einen Menschen der sowas schreibt, nicht in meinen Freundeskreis zählen möchte ...

Hier wird für zumindest für mich plastisch, was ein "soziales" Netzwerk , durch Mangelkommunikation, für ein Krisenherd ist.

Freitag, 13. Januar 2012

- **Fangschaltung**

Eine Fangschaltung gelegt, um gewisse Belästigungen abzufangen. Das Ergebnis war ernüchternd ! Auch hier ist es möglich, das sich die Täter so dermaßen anonymisieren können, das sie selbst für Ermittlungsbehörden nicht greifbar werden.

Ein Hohn, wenn man behaupten will, das durch die Vorratsdatenspeicherung Freiheitsrechte eingeschränkt werden können.

Mich würde mal interessieren, ob man in Ermittlerkreisen immer noch glaubt, das ich das alles selber inszeniert habe, damit ich so Zitat: "Meine alten Musikproduktionen besser verkaufen kann" und was die Täter noch alles für einen Unfug über mich verbreitet haben, ... oder kratzt man sich langsam mal beim einschlafen am Kopf ???

Dienstag, 17. Januar 2012

- Schreiben an die **Polizei**

Eingangsnotizen über sog. **Voice SMS.** Dies ist nur ein kleiner Ausschnitt über die hier eingegangen Bedrohungen und Belästigungen bzw. Anrufe, die die Täter ausgelöst haben.

Wir hatten Tage an denen wir bist zu 600 Anrufe am Tag hatten. Es war nicht zählbar, aber rechnen Sie mal selber, wenn Ihr Handy und der Festnetzanschluss im Minutentakt klingelt. Vielleicht in der Zeit von 9:00 – 22:30 ?

Telefonummer	Uhrzeit	Datum	Auffälligkeiten
0157 024 72 101	13:31:00	Samstag, 14. Januar 2012	Voice SMS ohne Inhalt
0157 024 72 101	13:43:00	Samstag, 14. Januar 2012	Voice SMS ohne Inhalt
0157 024 72 101	13:45:00	Samstag, 14. Januar 2012	Voice SMS ohne Inhalt

b.w.

0157 024 72 101	14:01:00	Samstag, 14. Januar 2012	Voice SMS ohne Inhalt
0157 024 72 101	14:08:00	Samstag, 14. Januar 2012	Voice SMS ohne Inhalt
0157 024 72 101	15:00:00	Samstag, 14. Januar 2012	Voice SMS ohne Inhalt
0157 024 72 101	15:06:00	Samstag, 14. Januar 2012	Voice SMS ohne Inhalt
0157 024 72 101	15:11:00	Samstag, 14. Januar 2012	Voice SMS ohne Inhalt
0157 024 72 101	15:16:00	Samstag, 14. Januar 2012	Voice SMS ohne Inhalt
0157 024 72 101	15:25:00	Samstag, 14. Januar 2012	Voice SMS ohne Inhalt
0157 024 72 101	15:25:00	Samstag, 14. Januar 2012	Voice SMS ohne Inhalt
0157 024 72 101	10:14:00	Sonntag, 15. Januar 2012	Diesmal in englischer Ansage
0157 024 72 101	10:12:00	Sonntag, 15. Januar 2012	Rattenkot oh Rattenkot
0157 024 72 101	10:12:00	Sonntag, 15. Januar 2012	Hab grad von Dir geträumt mein Schatz
0157 024 72 101	10:36:00	Sonntag, 15. Januar 2012	Kannst Du auch nicht schlafen ?
0157 024 72 101	10:36:00	Sonntag, 15. Januar 2012	Musste grade an dich denken

*) Die Nummer die in meinem Display angezeigt wird ist: 0 461 662 89 00

Abbildung 83

Dienstag, 24. Januar 2012

- **Weitere anonyme Anrufe.**

Nur handschriftlich. notiert

Dienstag, 24. Januar 2012

- **Timequest ...**

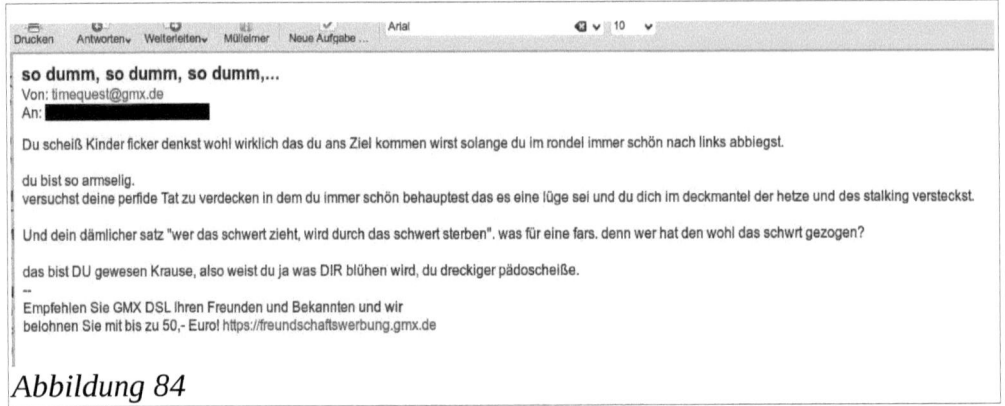

Abbildung 84

Freitag, 27. Januar 2012

Man hat eine Lieferung Wein auf meinen Namen bestellt. Preis 77,20 € für 2 Flaschen ...

Donnerstag, 23. Februar 2012

- Verschiedene Einträge in das **Gästebuch meiner Homepag**e

(www.der-bassist.de = mittlerweile ist diese Domain anders in Gebrauch)

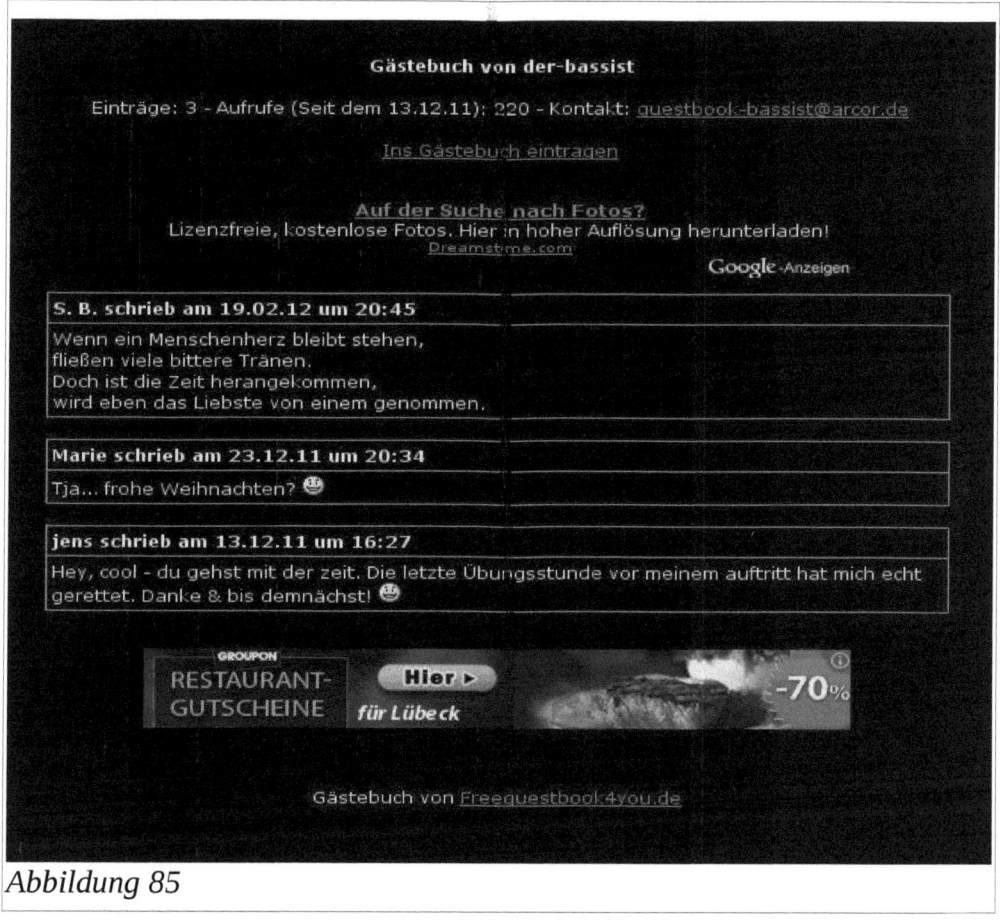

Abbildung 85

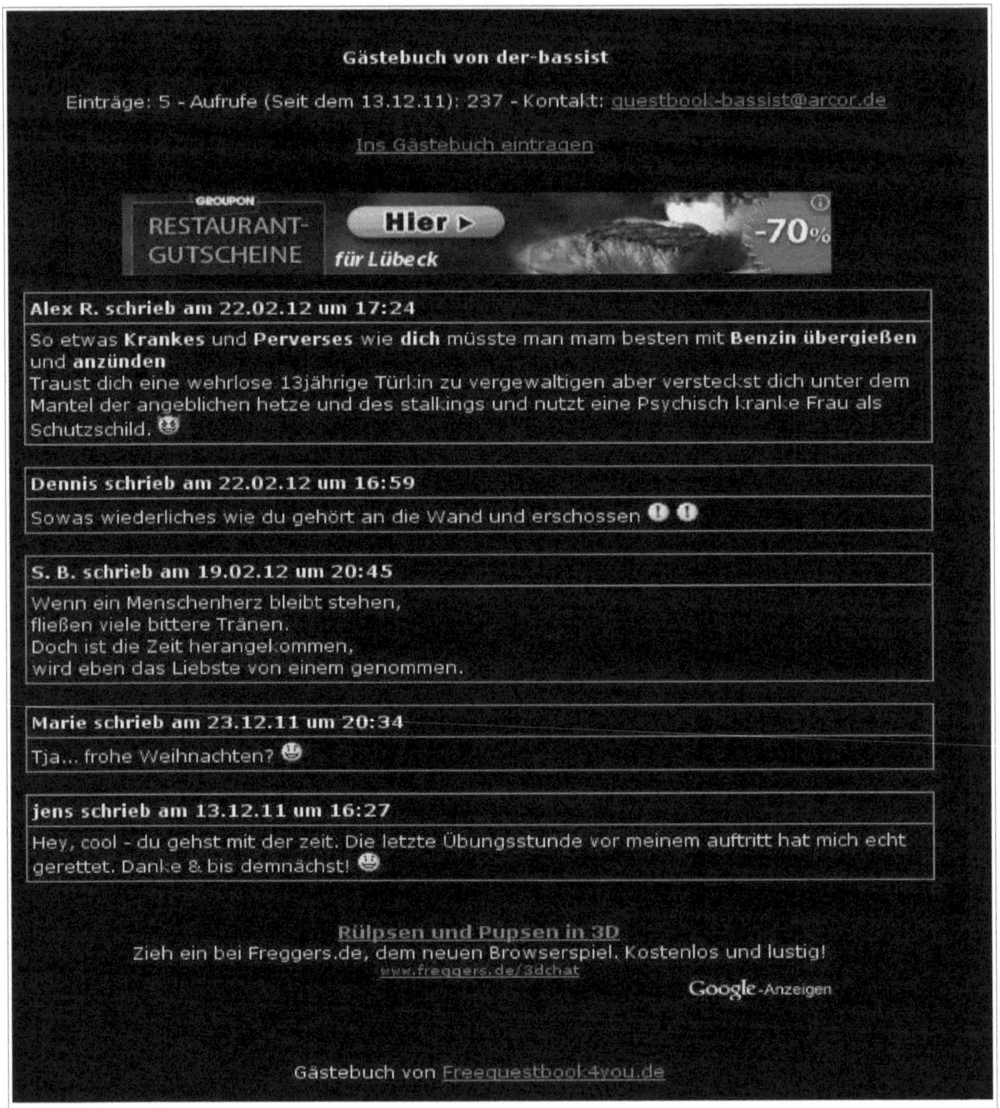

Abbildung 86

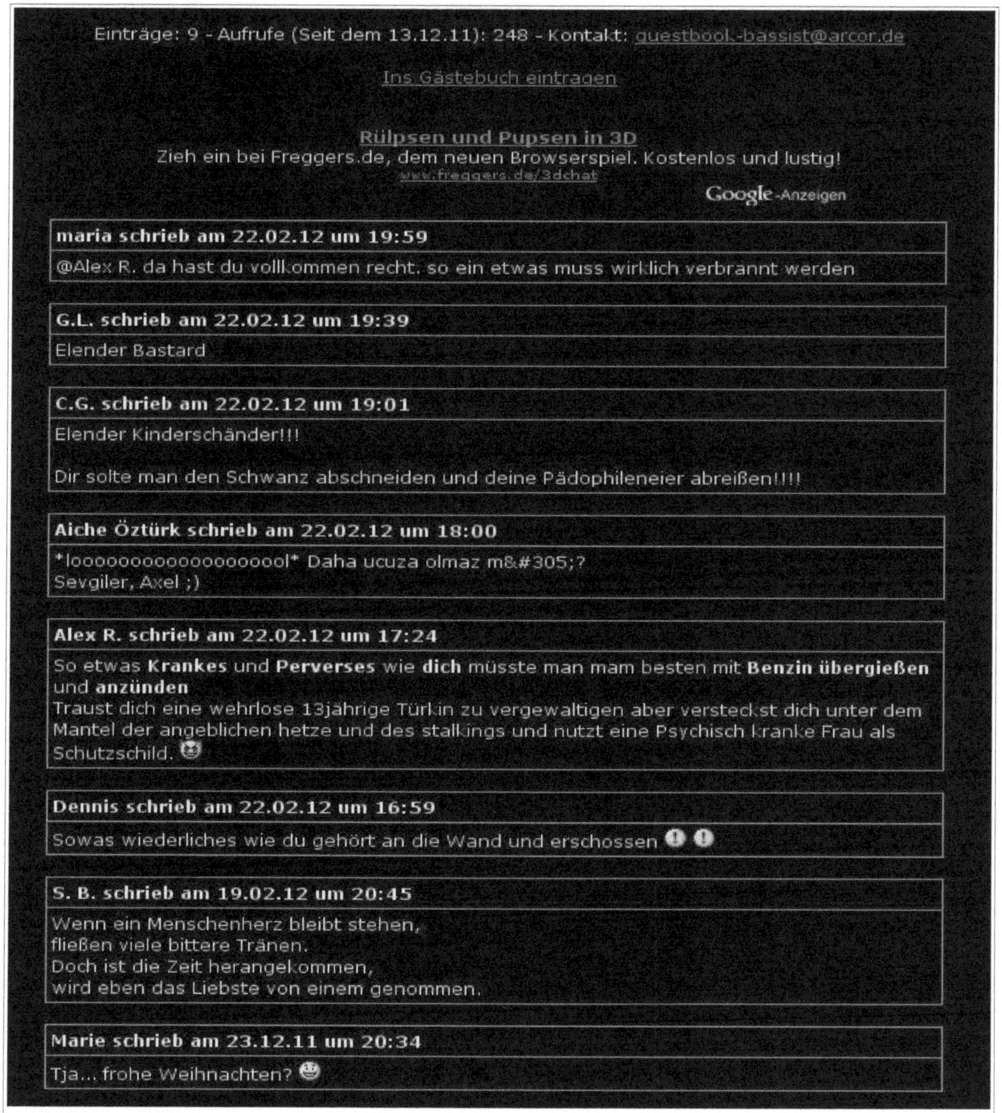

Cybermobbing - Ein Opfer klagt an ...

Einträge: 9 - Aufrufe (Seit dem 13.12.11): 248 - Kontakt: guestbook-bassist@arcor.de

Ins Gästebuch eintragen

Rülpsen und Pupsen in 3D
Zieh ein bei Freggers.de, dem neuen Browserspiel. Kostenlos und lustig!
www.freggers.de/3dchat
Google-Anzeigen

---

maria schrieb am 22.02.12 um 19:59
@Alex R. da hast du vollkommen recht. so ein etwas muss wirklich verbrannt werden

G.L. schrieb am 22.02.12 um 19:39
Elender Bastard

C.G. schrieb am 22.02.12 um 19:01
Elender Kinderschänder!!!

Dir solte man den Schwanz abschneiden und deine Pädophileneier abreißen!!!!

Aiche Öztürk schrieb am 22.02.12 um 18:00
looooooooooooooooool Daha ucuza olmaz mı?
Sevgiler, Axel ;)

Alex R. schrieb am 22.02.12 um 17:24
So etwas **Krankes** und **Perverses** wie **dich** müsste man mam besten mit **Benzin übergießen** und **anzünden**.
Traust dich eine wehrlose 13jährige Türkin zu vergewaltigen aber versteckst dich unter dem Mantel der angeblichen hetze und des stalkings und nutzt eine Psychisch kranke Frau als Schutzschild. 😡

Dennis schrieb am 22.02.12 um 16:59
Sowas wiederliches wie du gehört an die Wand und erschossen 😡 😡

S. B. schrieb am 19.02.12 um 20:45
Wenn ein Menschenherz bleibt stehen,
fließen viele bittere Tränen.
Doch ist die Zeit herangekommen,
wird eben das Liebste von einem genommen.

Marie schrieb am 23.12.11 um 20:34
Tja... frohe Weihnachten? 😊

Abbildung 87

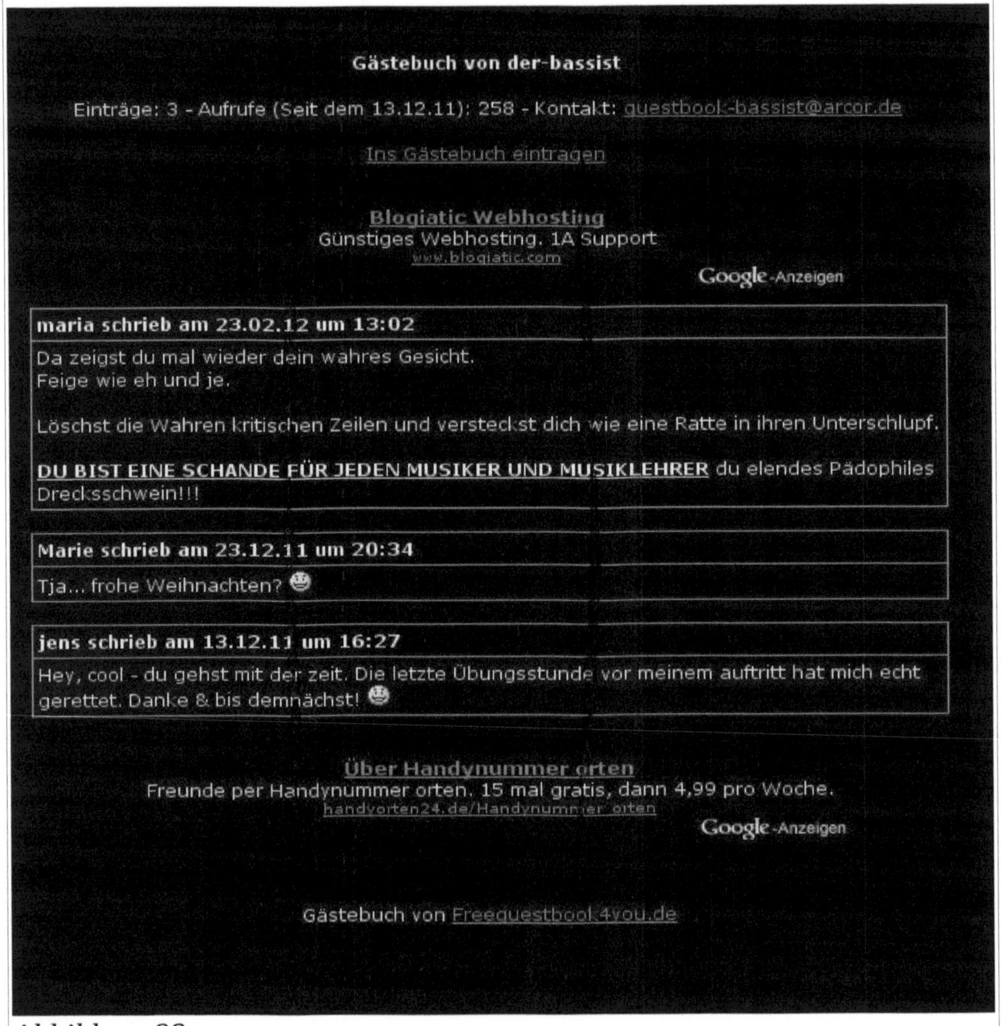

Cybermobbing - Ein Opfer klagt an ...

Gästebuch von der-bassist

Einträge: 3 - Aufrufe (Seit dem 13.12.11): 258 - Kontakt: guestbook-bassist@arcor.de

Ins Gästebuch eintragen

Blogiatic Webhosting
Günstiges Webhosting. 1A Support
www.blogiatic.com

Google-Anzeigen

maria schrieb am 23.02.12 um 13:02

Da zeigst du mal wieder dein wahres Gesicht.
Feige wie eh und je.

Löschst die Wahren kritischen Zeilen und versteckst dich wie eine Ratte in ihren Unterschlupf.

DU BIST EINE SCHANDE FÜR JEDEN MUSIKER UND MUSIKLEHRER du elendes Pädophiles Dreckssschwein!!!

Marie schrieb am 23.12.11 um 20:34

Tja... frohe Weihnachten? 😊

jens schrieb am 13.12.11 um 16:27

Hey, cool - du gehst mit der zeit. Die letzte Übungsstunde vor meinem auftritt hat mich echt gerettet. Danke & bis demnächst! 😊

Über Handynummer orten
Freunde per Handynummer orten. 15 mal gratis, dann 4,99 pro Woche.
handyorten24.de/Handynummer orten

Google-Anzeigen

Gästebuch von Freeguestbook4you.de

Abbildung 88

Cybermobbing - Ein Opfer klagt an ...

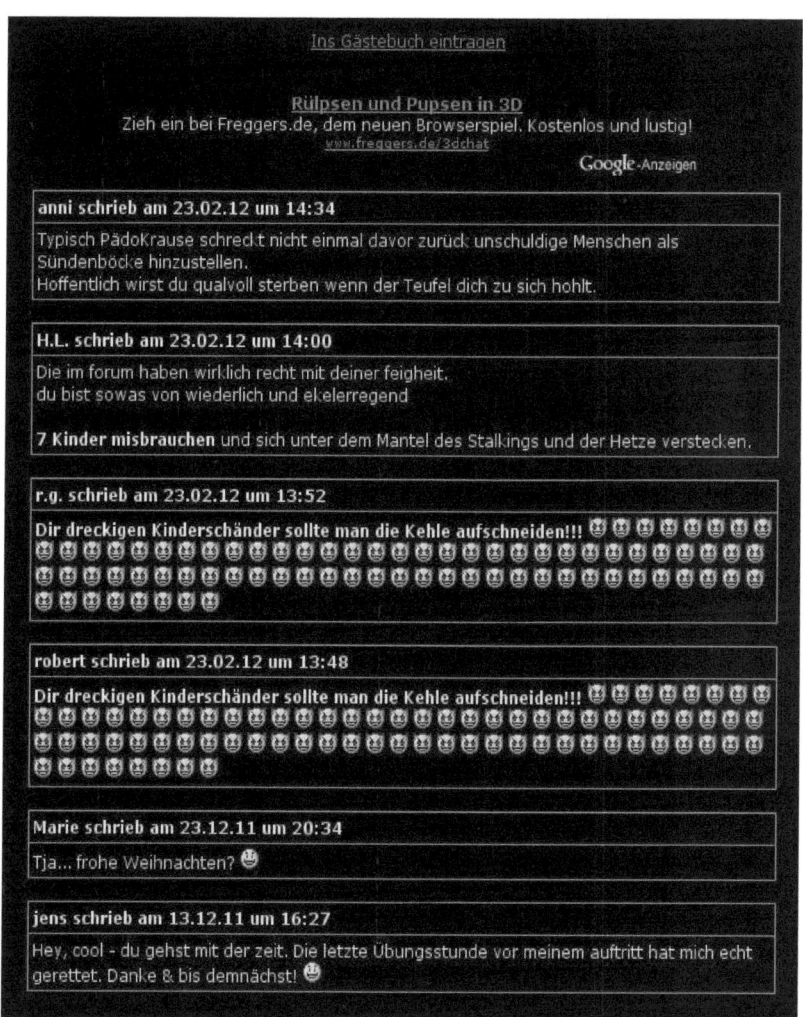

Abbildung 89

… und an die Täter: Ihr wollt mich hauen ? Kommt vorbei und versucht es :)

Samstag, 17. März 2012

- **Fax an meinen damaligen Rechtsanwalt**

mit der Ankündigung, das ich mir das Leben nehmen möchte ... Die Polizei stand bei uns an der Tür und überreichte mir dieses Fax. Natürlich nachdem man sich erkundigt hatte, ob es uns auch gut geht.

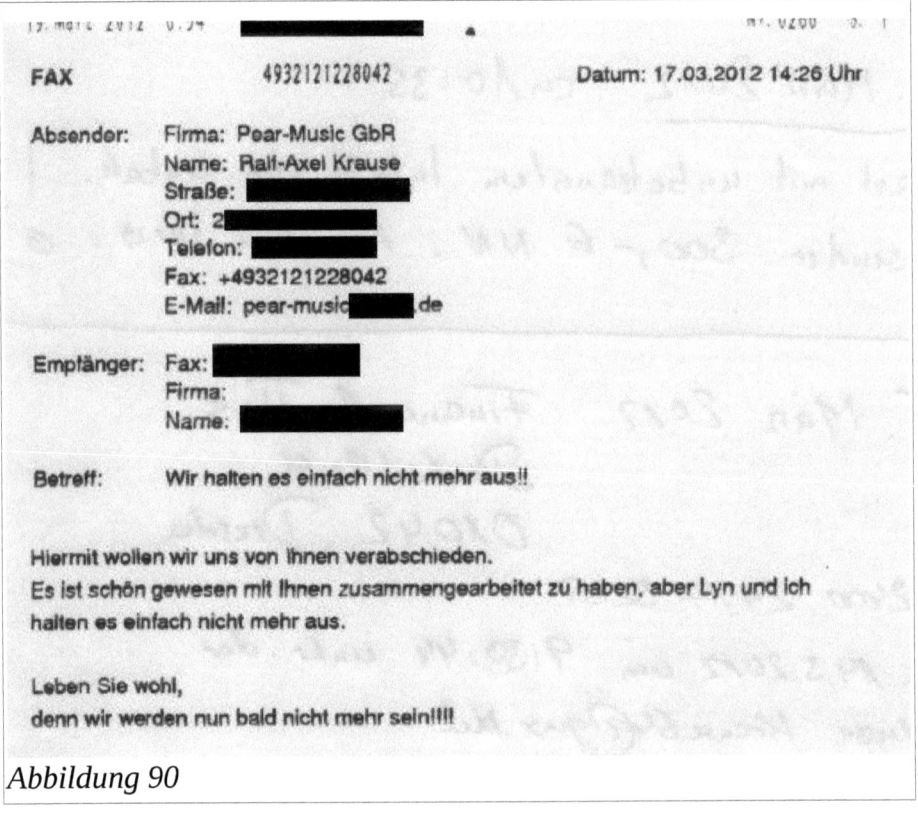

Abbildung 90

Ich muss zugeben, ich wäre ja zu vielem bereit gewesen :) Aber das, auf die Art ? Nein, nie im Leben !

Dienstag, 20. März 2012

- Attacke auf **MySpace**

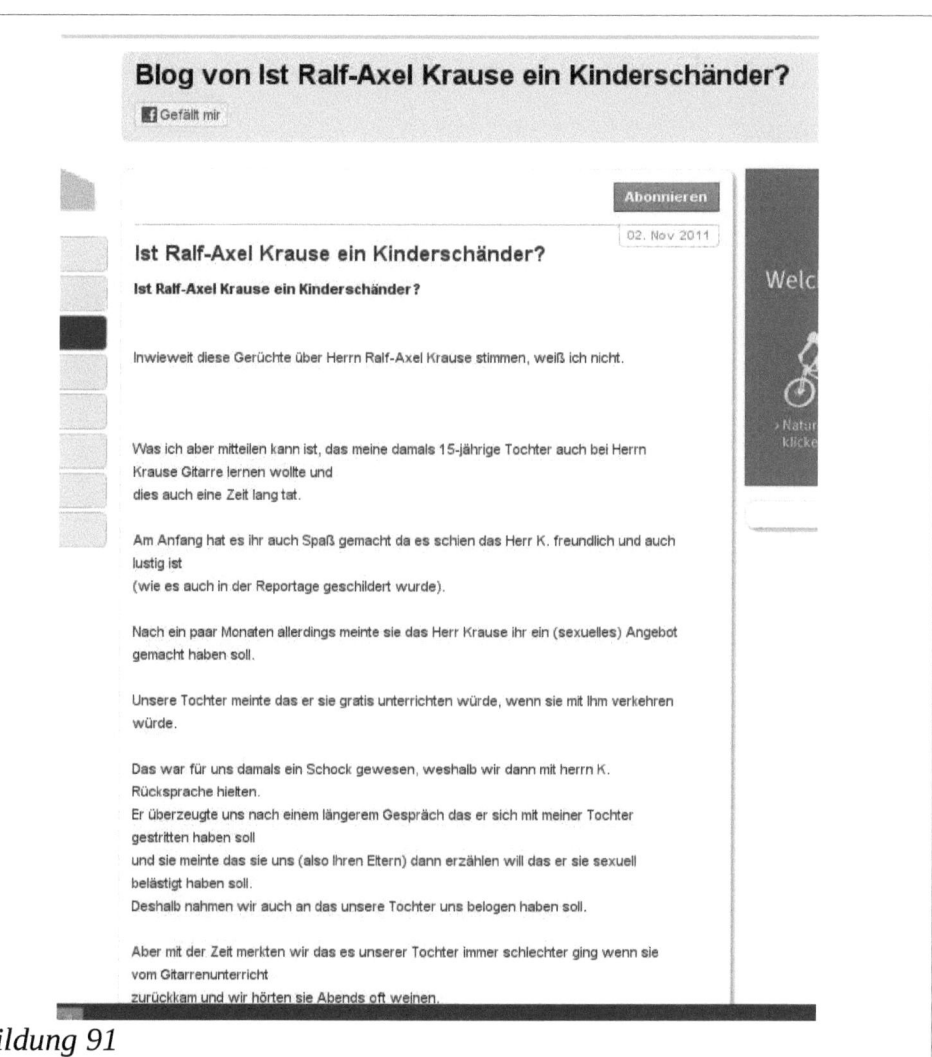

Abbildung 91

Cybermobbing - Ein Opfer klagt an ...

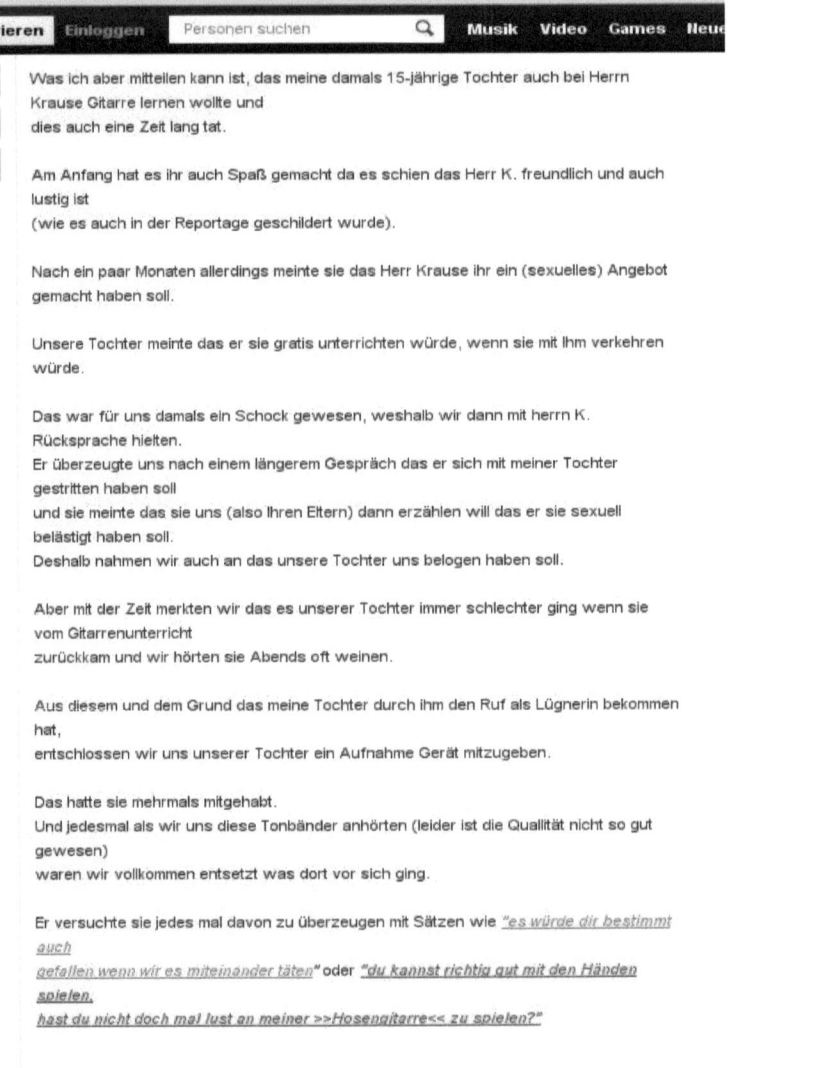

Abbildung 92

Abbildung 93

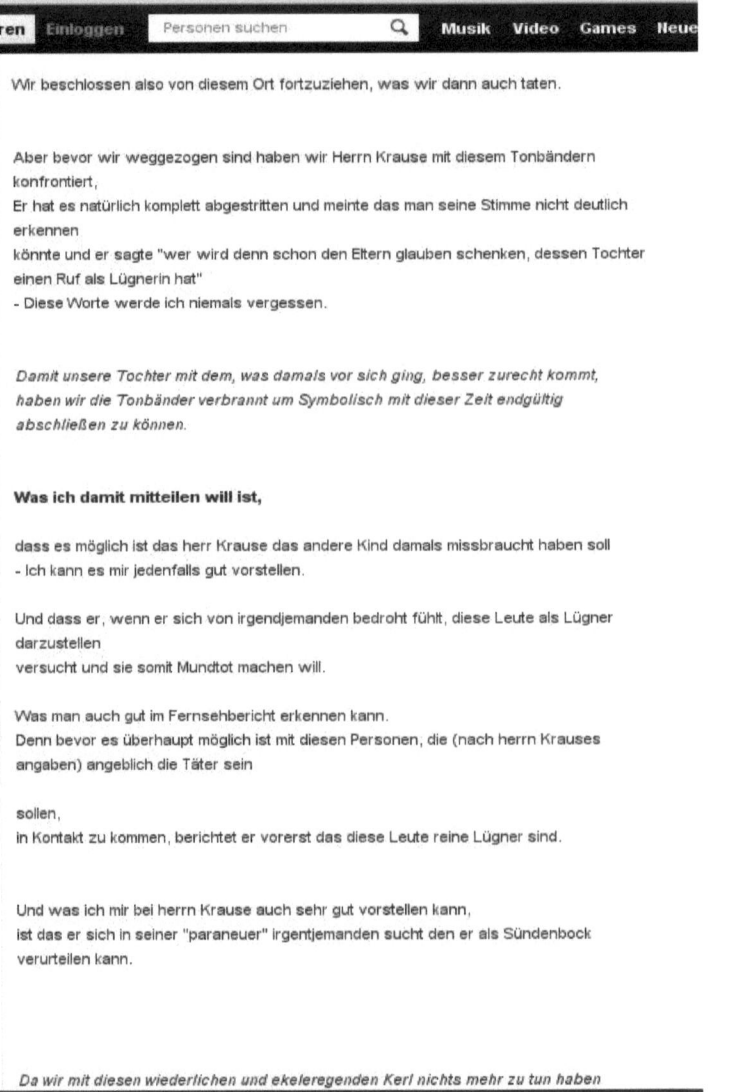

Abbildung 94

Cybermobbing - Ein Opfer klagt an ...

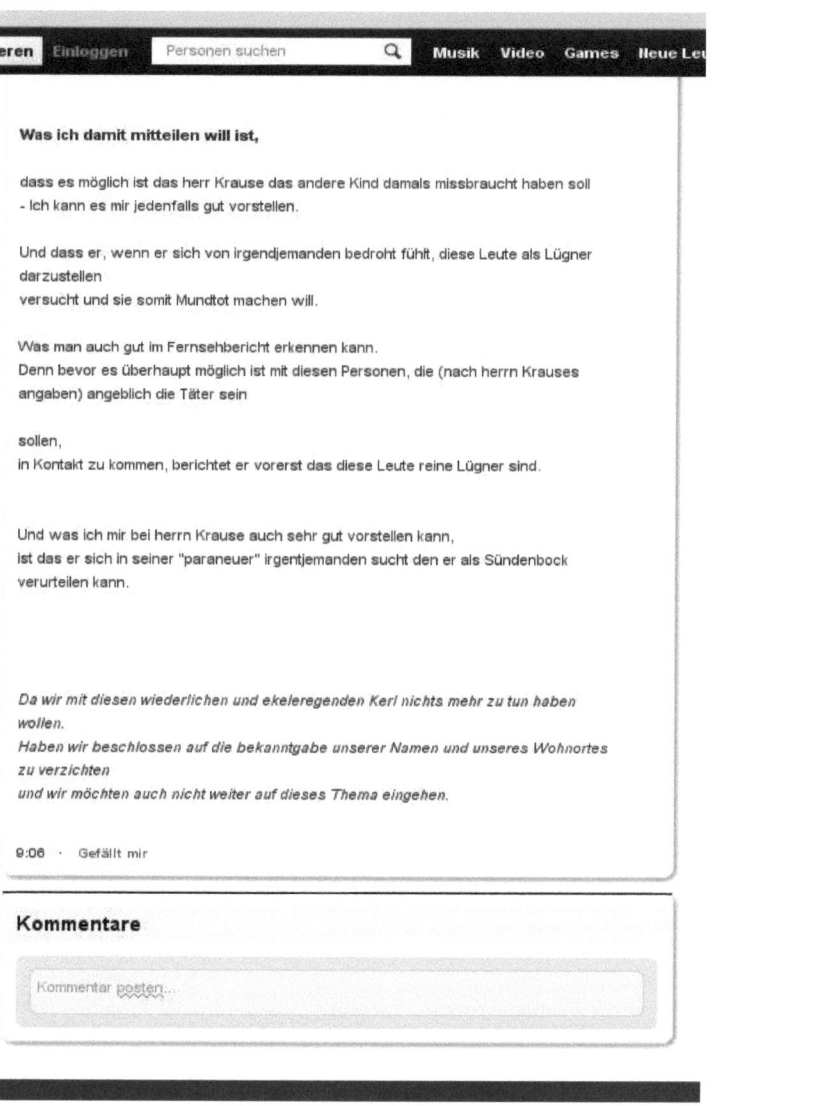

Abbildung 95

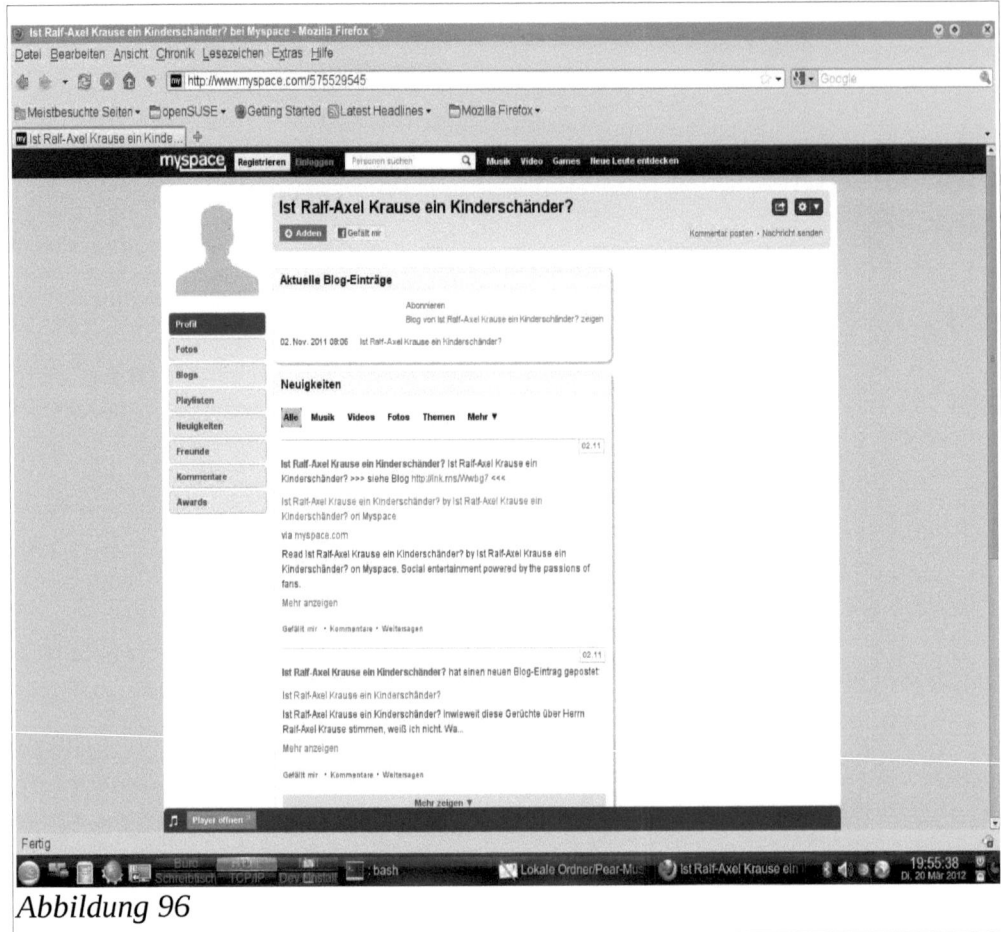
Abbildung 96

Mittwoch, 11. April 2012

- Schreiben an die **Staatsanwaltschaft**

mit der Bitte das Verfahren nicht einzustellen. Fristverlängerung

Mittwoch, 6. Juni 2012

- Rechnung der **GMX**

Kundennummer: K174684676

Herr
Ralf Krause
Ostlandstr 76
23812 Wahlstedt

GMX Rechnungsstelle

Achtung verlängerte Servicezeiten!
Servicezeiten von Mo - Sa 08:00 - 20:00 Uhr

Telefon: 0180 3 000 832*
Telefax: 0180 5 077 133 (14 ct/Min.)
E-Mail: gmxservices@gmxnet.de
* (9 ct/Min. Festnetz Dt. Telekom, Mobilfunkpreise ggf. abweichend; max. 42 ct/Min.)

Letzte Mahnung

Sehr geehrter Herr Krause,

unsere Zahlungserinnerungen blieben bisher leider erfolglos. Heute geben wir Ihnen hiermit letztmalig die Möglichkeit, den ausstehenden Gesamtbetrag zu überweisen:

Beleg	Datum	Währung	Betrag	Fälligkeit	Mahnstufe
Vertrags-Nr.: V38877754 NAE-Rechnung 9stellig					
333798972	19.03.2012	EUR	0,20	22.03.2012	03
Vertrags-Nr.: V38877754 NAE-Rechnung 9stellig					
334042086	18.04.2012	EUR	88,14	21.04.2012	03
Vertrags-Nr.: V38877754 Bearbeitungsgebühr lt. AGB					
3420016624	24.04.2012	EUR	12,00	24.04.2012	00
Mahngebühr		EUR	5,00		
Summe offener Posten		**EUR**	**105,34**		

Für die Überweisung des Rechnungsbetrags nutzen Sie bitte unsere Bankverbindung.

Abbildung 97

Dienstag, 10. Juli 2012

- **Wichtigtuer und Leichenfledderer**

Vertrag mit ▮▮▮▮▮▮▮ die im Rahmen einer **Fernsehproduktion** Hilfe angeboten hatten. Dies erwies sich allerdings als ein richtig mieser Flopp. Man hatte alle Daten und Unterlagen von mir bekommen, hat immer gemeint, man würde sein bestes geben, aber es ist nichts passiert. Mehrfach pro Woche hat mich der Redakteur ▮▮▮▮▮▮▮ angerufen.

Interessant war für mich allerdings, das man eher Einblick an der „einstweiligen Verfügung" gegen mich haben wollte, wie alles andere, was hier vorgefallen war !

Ich rate dringend davon ab, diese Form von Angeboten anzunehmen. Es sei denn, die Verträge werden von einem Anwalt geprüft, den **Sie** damit beauftragt haben !

Nach Auskunft meines Anwaltes hatte ich einen sog. „Knebelvertrag" unterschrieben. Was bitte ? Selber Schuld ? Das ich nicht lache. Wenn Sie in so einer Situation sind, dann würden Sie nie glauben, das aus Richtung der deutschen Medien so eine menschlich verwerfliche Geschichte auf Sie zu kommt. Vorallem werden Sie dann nach jedem Strohhalm greifen. Nach jedem ! Hässlich wenn man bedenkt, das so was auch noch ausgenutzt werden könnte ... und noch widerlicher, wenn diese Täter sich dann sicher sein können, das sie dafür nicht zur Verantwortung gezogen werden können. Mehr über das Thema weiter unten.

26. Juli 2012

- **ärztliches Attest auf PTBS**

Hurra, ich habe PTBS (Posttraumatische Belastungsstörung), ohne das ich mit der Bundeswehr im Kosovo, oder in Afghanistan war ! Tut mir Leid, aber wenn sowas möglich ist, dann braucht man echt eine gehörige Portion Ironie, um damit zu leben.

Sonntag, 5. August 2012

- Attacke auf **einem "sozialen" Netzwerk** , ...

Abbildung 98

Cybermobbing - Ein Opfer klagt an ...

Abbildung 99

Wer war nun Fake und wer war Täter ???

Freitag, 31. August 2012

- aktueller **Stand bei Google:**

Durch die sog. „Autovervollständigung" wurde bei der Eingabe meines Namens diese gleich durch das Wort „Kinderschänder" erweitert.

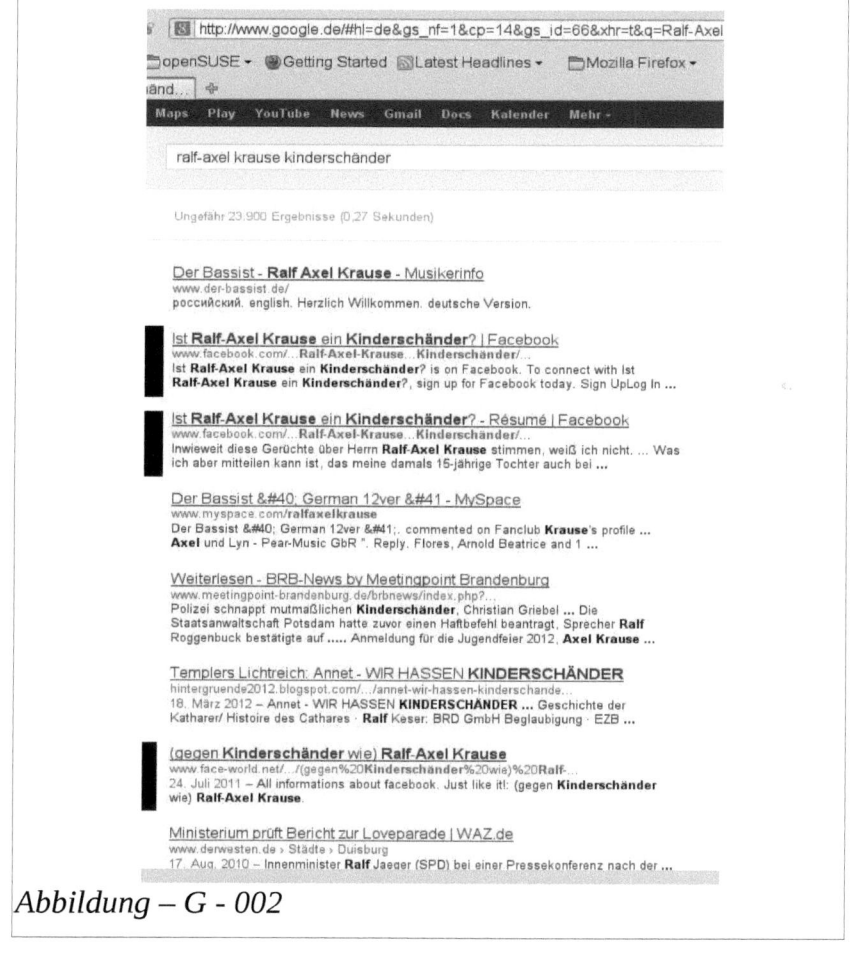

Abbildung – G - 002

Freitag, 28. September 2012

- Attacke auf **einem "sozialen" Netzwerk** , ….

Abbildung 100

Das Jahr 2013

Abgesehen von „kleineren Kindereien", im Vergleich zu dem was vorher abgelaufen ist, hatten wir in dieser Zeit Ruhe. Durch ein internationales Netzwerk von Wissenschaftlern in dem ich zu meinem Glück gefunden habe, konnte einiges festgestellt werden. Leider, so ist es nun mal in Deutschland und das auch trotz aller sonstigen „Outsourcings" ist man nicht bereit, Vorgänge, die man nicht selber ermittelt hat, anzunehmen ! Aber gut, dann soll es auch so sein. Die Frage ist nur, wenn man nicht ermitteln kann, weil einem gewisse Werkzeuge dafür fehlen, wie will man dann Straftaten aufklären und das Monopol darauf rechtfertigen ?

Samstag, 9. August 2014

- **Folgende E-Mail** erreicht mich:

Es soll aber noch mal erwähnt sein, das wir Demjenigen 1000,- € (Tausend Euro) zahlen, der sachdienliche Hinweise, die zur Ergreifung dieser Täter führen, bei der Polizei in ▮▮▮▮▮, Telefon: ▮▮▮▮▮, oder der Staatsanwaltschaft in Kiel, abgibt.

1000€ für Sachdienliche Hinweise?

Da merkt man gleich das es dir nich wichtig ist die echten Täter zu finden, sondern nur irgentjemanden Unschuldigen als Täter hinzustellen.

PS: wustest du das auf deinen (leblosen) Pädo-Kopf 75000€ Belohnung ausgesetzt sind?"

(Der obere Absatz ist ein Zitat von meiner Homepage)

Montag, 11. August 2014

Habe die o.g. Mail (und weitere Unterlagen) gleich bei der Polizeiwache in ▓▓▓▓▓▓▓▓▓▓▓ abgegeben. Sie ist dort von einem Herrn ▓▓▓▓▓▓▓▓▓▓▓ entgegen genommen worden. Habe auch einen meiner großen Ordner zur Einsicht dort gelassen.

Nach Auskunft der Polizei muss der Fall nun wieder von vorne aufgerollt werden und meine erneute Anzeige, wurde der Zuständigkeit halber nach ▓▓▓▓▓▓▓▓▓▓▓ abgegeben.

Samstag, 22. November 2014

- **Eine sehr eigene „Ansage" über YouTube.**

Der Versender „Uddo Silence" wie er sich nennt, ist mir nicht bekannt. Auf einem Video wurde auffällig der Umgang mit Messern hoher Güte in Szene gesetzten !
(Siehe Abbildung 101, 101a)

Donnerstag, 4. Juni 2015

- **endlich, nach über 4 Jahren eine Hilfe.**

Eine groß(artige) deutsche Stiftung für schnelle Hilfe in tiefer Not, hat uns Mittel für einen Umzug zur Verfügung gestellt. Nun haben wir eine Chance endlich ein neues Leben und eine neue Existenz an einem neuen Ort aufzubauen. Hoffentlich klappt es,

Dafür unseren tiefsten und herzlichsten Dank !

Zur Zeit sieht es allerdings so aus, das man lieber irgendwelchen Mietnomaden und Messis Wohnungen gibt, anstatt einem Opfer helfen zu wollen ...

Cybermobbing - Ein Opfer klagt an ...

 uddos silence 3 weeks ago
wenn ihr mit: "haltet einen moment inne", haltet die schnauze meint, dann tut es mir leid hier überhaupt was gesagt zu haben und dann löscht ihr mich einfach oder ich lösche mich selbst. ich will hier keinen angreifen. ich will euch vor eurer eigenen wut retten, ich gläube hier ist jemand auf einen sehr schlechten trip, besonders für sich selbst. ich kenne euch gar nicht und bekomme hier schuldverwürfe um die ohren gehauen. was hätte ich besser machen sollen um die fledermaus zu retten? sie tut mir wirklich unheimlich leid, aber was hätte ich tun können? ich glaube sogar, dass dieser hass jetzt auch ihr nicht hilft, sondern eher schadet. aber wie gesagt, ich bin letztendlich genauso hilflos
Read more

 uddos silence 3 weeks ago
falsch wer sich selbst erniedrigt wird nicht erhöht, keiner kann sich erhöhen und mit erniedrigen kann höchstens selbstkritik zu besserung gemeint sein. hier schreit jemand nach rache und ist genauso schlimm wie der täter. das macht mir sorgen. wenn die fledermaus heilung und frieden findet dann sollten wir uns alle freuen und hoffen, dass die polizei die täter fängt und einsperrt. aber ich fühle hier einen hass, als wenn jemand gerne jemanden auf einen scheiterhaufen stellen möchte und es ist gar nicht mal mehr so wichtig wer diesem mädchen was angetan hat. wie gesagt klärt mich auf, wenn ich das falsch sehe.

 uddos silence 3 weeks ago
habt ihr den üblen typen, die diese arme frau verletzt haben jetzt extra noch ein video gemacht? oder wen sprecht ihr hier an? mich? habe ich ihr etwas angetan? wenn ja, dann tut mir das wirklich leid aber ich kann keinen bezug zu ihr herstellen. oder wollt ihr sagen die ganze gesellschaft ist krank? dann stimme ich euch zu und habe meinem bezug aber dann seid auch ihr krank, dann sind wir alle krank und können nicht mehr gut schlafen. aber ich schlafe sehr gut, muss ich mich jetzt schuldig fühlen? ich denke ich habe viel herz für meine mitmenschen, aber hier an dem video ist irgendetwas falsch und macht keinen sinn für mich. aber klärt mich doch auf, bitte.

Abbildung 101

 uddos silence vor 3 Wochen
Die Staatsregierung: Die gefährlichste aller Religionen
vielleicht seid ihr (wie ich) darauf wütend, dass diese welt so verlogen ist.
aber wenn wir selbst anfangen zu hassen sind wir selbst wie sie. die die fledermaus böses angetan haben, sind menschen die hassen und aus dem gefühl schlechte dinge tun. wenn wir auch hassen haben sie eigentlich ihren hass an uns weitergegeben. ich suche nach frieden. frieden für alle, selbst für die hasser die dem mädchen schlimmes antaten. sonst hauen wir uns auf ewig nur die köpfe ein. ich meine nicht lasst die täter laufen, nein, sperrt sie weg
Mehr anzeigen

Abbildung 101a

Noch mal zur Mail vom: Samstag, 9. August 2014

Muss man diesen Blödsinn noch analysieren ? Ok, oberflächlich machen wir das mal, weil es ja eh schnell geht: Es ist in dem ganzen Zitat nichts zu finden, was darauf hinweisen könnte, das irgendjemand unschuldiges als Täter gefunden werden soll, egal von wem ... und, mein Kopf ist nicht leblos :) Gewiss nicht !

Wie dem auch sei. Einer meiner Schüler kannte sich mit dieser Materie gut aus und meinte, das ich mir keine Sorgen machen müsse. Er erklärte mir, das es mittlerweile eine Form der Rückverfolgung durch die Ermittlungsbehörden gibt. Ich dachte, ich traue meinen Ohren nicht, nachdem ich das erfahren habe. Die Polizei hatte mir, solange das Verfahren läuft, immer wieder erklärt, das wir die Vorratsdatenspeicherung brauchen. Dies sei das einzige Mittel um die Täter zu stellen. Man erklärte mir auch, das man als Ermittler, ohne dieses Mittel, in meinem Verfahren, absolut machtlos sei.

Somit fuhr ich nun umgehend zur Polizei und meldete erneut dieses Ereignis. Wieder alles von vorne und wieder alles erklären. Egal, der freundliche Polizist meinte, man müsse dieses Ereignis wegen der Zuständigkeit an eine andere Wache weitergeben und man könne erst handeln, wenn die Staatsanwaltschaft die Anweisungen gibt. Man bescheinigte mir, das wir nun folgendes Gesetz haben, um Täter im Internet dingfest zu machen:

§ 100j
[Bestandsdatenauskunft]

(1) Soweit dies für die Erforschung des Sachverhalts oder die Ermittlung des Aufenthaltsortes eines Beschuldigten erforderlich ist, darf von demjenigen, der geschäftsmäßig Telekommunikationsdienste erbringt oder daran mitwirkt, Auskunft über die nach den §§ 95 und 111 des Telekommunikationsgesetzes erhobenen Daten verlangt werden (§ 113 Absatz 1 Satz 1 des Telekommunikationsgesetzes). Bezieht sich das Auskunftsverlangen nach Satz 1 auf Daten, mittels derer der Zugriff auf Endgeräte oder auf Speichereinrichtungen,

> die in diesen Endgeräten oder hiervon räumlich getrennt eingesetzt werden, geschützt wird (§ 113 Absatz 1 Satz 2 des Telekommunikationsgesetzes), darf die Auskunft nur verlangt werden, wenn die gesetzlichen Voraussetzungen für die Nutzung der Daten vorliegen.
>
> (2) Die Auskunft nach Absatz 1 darf auch anhand einer zu einem bestimmten Zeitpunkt zugewiesenen Internetprotokoll-Adresse verlangt werden (§ 113 Absatz 1 Satz 3 des Telekommunikationsgesetzes).
>
> (3) Auskunftsverlangen nach Absatz 1 Satz 2 dürfen nur auf Antrag der Staatsanwaltschaft durch das Gericht angeordnet werden. Bei Gefahr im Verzug kann die Anordnung auch durch die Staatsanwaltschaft oder ihre Ermittlungspersonen (§ 152 des Gerichtsverfassungsgesetzes) getroffen werden. In diesem Fall ist die gerichtliche Entscheidung unverzüglich nachzuholen. Die Sätze 1 bis 3 finden keine Anwendung, wenn der Betroffene vom Auskunftsverlangen bereits Kenntnis hat oder haben muss oder wenn die Nutzung der Daten bereits durch eine gerichtliche Entscheidung gestattet wird. Das Vorliegen der Voraussetzungen nach Satz 4 ist aktenkundig zu machen.
>
> (4) Die betroffene Person ist in den Fällen des Absatzes 1 Satz 2 und des Absatzes 2 über die Bestandsauskunftung zu benachrichtigen. Die Benachrichtigung erfolgt, soweit und sobald hierdurch der Zweck der Auskunft nicht vereitelt wird. Sie unterbleibt, wenn ihr überwiegende schutzwürdige Belange Dritter oder der betroffenen Person selbst entgegenstehen. Wird die Benachrichtigung nach Satz 2 zurückgestellt oder nach Satz 3 von ihr abgesehen, sind die Gründe aktenkundig zu machen.
>
> (5) Auf Grund eines Auskunftsverlangens nach Absatz 1 oder 2 hat derjenige, der geschäftsmäßig Telekommunikationsdienste erbringt oder daran mitwirkt, die zur Auskunftserteilung erforderlichen Daten unverzüglich zu übermitteln. § 95 Absatz 2 gilt entsprechend.

Ich war trotzdem skeptisch und das hat sich auch als richtig herausgestellt.

Am **16. Dezember 2015** erhielt ich von der Staatsanwaltschaft erneut ein

Schreiben, mit dem Inhalt, das die Sache wiedereinmal eingestellt wurde und das man die Täter wiedereinmal nicht zurückverfolgen könnte. Ich weiß nicht was die Ermittlungsbehörden in dieser Sache genau gemacht haben, aber irgendwas ist doch hier nicht wahr, oder !?! Mein Gott, wie lange soll dieser Mist noch gehen ?

Ohne Jemand zu Nahe treten zu wollen, mein Zweifel wächst stetig von Vorfall zu Vorfall. Gehen Sie aber bitte getrost davon aus, das mich hier nichts mehr schockiert und ich mich ebenso über nichts mehr wundere. Ich erlaube mir die Frage, was nun wieder passiert ist, oder was gefehlt hat, um wieder kein Ergebnis zu haben ? Erst hieß es, ohne VDS geht gar nichts. Dann bekommen wir endlich mal und viel zu spät ein Äquivalent, über dem noch behauptet wird, das es nun absolut das Nonplusultra wäre und dann geht es immer noch nicht. Was soll ich über diesen Staat und seine Gesetze, die uns Bürger doch schützen sollen, noch denken ? Ich begreife es nicht !

Die Täter haben in Ihren Bedrohungen behauptet, das sie überall Ihre Finger drinnen haben und es dadurch nicht möglich sein wird, sie ausfindig zu machen. In dem Profil mit dem Fakenamen „Matthias Bär", festgestellt am 17. April 2011, gibt man sich dafür aus, das man beim Anwalt, bei der Polizei, als Lehrer und Verkäufer arbeitet. Klingt natürlich irgendwie grenzwertig. Aber aufgrund des Versagens in unserem Fall, könnte man fast davon ausgehen, das irgendwas an dieser Geschichte drann wäre. Alleine wenn ich mir überlege, aus welchem Grunde schon die Ermittlungen eingestellt wurden und wer sich sonst noch und in welcher Form, abweisend und grenzwertig uns gegenüber verhalten und geäußert hat, könnte ich einiges glauben.

Mit Stand vom **28. Februar 2015** gab es wieder erneute Bedrohungen gegen meine Verlobte und mich. Selbstverständlich wird weiterhin alles zur Staatsanwaltschaft weitergeleitet. Ich bin gespannt wie der Film noch weiter läuft und vorallem wie er letztlich ausgeht. Hoffentlich nicht so wie es ein Münchner Anwalt für Stalking und Mobbing schon wage prophezeit hat. Abgesehen mal davon, das dann, im schlimmsten anzunehmenden Fall, auch Menschen sterben könnten (was auch gemessen zu unserem Erlebten, die nächste Terrorstufe wäre), wie würden sich die Verantwortlichen dafür rechtfertigen wollen ? Gut, lassen wir es mal offen, wir werden ja eh sehen.

Der Rattenschwanz

3. Der Rattenschwanz

Das schlimmste an dieser Form der Straftaten ist meines Erachtens nicht mal die Straftat an sich, oder die Untätigkeit der Ermittlungsbehörden, sondern wie das Umfeld und Außenstehende damit umgehen. Ich meine, wenn ein Opfer wenigstens genügend Schutz durch Freunde, Familie und sozialem Umfeld im allgemeinen genießen könnte, wären diese Straftaten vielleicht nur noch lächerliches Gewäsch. Wenn ich heute, mit Abstand, die Attacken auf mich noch einmal bei einer Aufarbeitung lese, muss ich mindestens, an gewissen Stellen, fast schon lachen. Wobei ich allerdings betonen möchte, das ich nicht über die kranken Menschen lache, die sich so einer Form der Herabwürdigung bedienen müssen, nur weil sie zu feige sind, Konflikte von Angesicht zu Angesicht zu klären. Ich denke dann eher, so etwas irreales und dumm-krankes Zeug, kann eigentlich keiner Glauben. Das meinen Sie doch auch, oder ? Pustekuchen, das sieht hier bei uns in Deutschland, in unserer hoch aufgeklärten und super toleranten „Gesell"schaft, nämlich ganz anders aus !

Deutschland ist das Land der kritischen Denker (*oder nach Karl Kraus: Das Land der Richter und Henker*). So wundern Sie sich nicht, wenn Sie selber mal in so eine Situation kommen sollten – was ich keinem Menschen auf der Welt Wünsche - wer sich dann, wie und in welcher Form und Zeit, Ihnen gegenüber verhält. Seien Sie lieber von vornherein darauf gefasst, das sich die Leute von Ihnen abwenden werden, bei denen Sie es am wenigsten geglaubt haben. Das könnte Ihnen sonst eine Menge Kraft kosten ! Ein Schulfreund, der nun wieder in England wohnt, meinte auf meine Frage, warum er Deutschland verlassen hat: *„Die deutschen hassen sich selbst ..."* und *„ ... Wenn man in Deutschland in der Scheiße sitzt, kriegt man noch eine oben auf ..."* Das kann ich nur unterschreiben und das lässt sich sogar im Zweifel durch die deutsche Geschichte und gewisse gesellschaftswissenschaftliche Aspekte begründen und beweisen. Aber das ist ja noch nicht mal alles. Es wird in unserer „Gesell"schaft immer Straftaten geben. Man wird sie immer unterschiedlich bewerten, aber man wird sie nie ganz aus dem Leben verbannen können. Die Frage ist nur, wie gehen wir damit um. Dazu sagen ein sehr weiser Mann einmal zu mir: „Die Nazis waren die größte Pest im Land, aber noch schlimmer waren Ihre Helfers-Helfer". Das soll heißen, das ich es noch abscheulicher finde, wie sich Menschen unter uns auf einmal zum Trittbrettfahrer machen müssen, oder dem Opfer noch sonst wie hinterher spucken und damit den Nährboden für diese hinterhältigen und abscheulichen Straftaten noch fruchtbarer machen, wie sie eh schon durch die kastrierte Justiz sind. Natürlich handeln ja auch diese Menschen „formaljuristisch" Korrekt und sind nicht im „strafbarem Bereich", aber schauen Sie selber:

Es ist zwar unüblich in 2 Büchern den selben Text zu verwenden, aber in diesem Fall werde ich etwas zitieren müssen, was ich schon in meiner Biografie „Friendly Fire" beschrieben habe. Dort habe ich nur angerissen, um was es sich beim Cybermobbing handelt und auch ebenso angekündigt, das ich hier auch noch präziser darauf eingehen möchte.

Abgesehen davon, das sich eine Menge Leute immer wieder und bis heute, aus mir *unerklärlichen* Gründen, von uns abwenden, können Menschen mit bestimmten „Persönlichkeitsformen" in bestimmten Situationen in Sprach- und Kommunikationsdefizite geraten, das es unglaublich ist. Selbst Merkfähigkeiten können sich bis auf 0 herunter reduzieren, wenn Verantwortung gefragt wird. Meine Existenz als Musiklehrer ist seit diesen Angriffen völlig in Frage gestellt und es kommen auch nur noch sehr wenige neue Schüler und Klienten nach. Komisch, wo man mich doch fachlich so hoch schätzt.

3.1 Auf den Spuren Martin Luthers

Eine Bekannte wollte uns einen Gefallen tun – ich gehe mal davon aus, das es keine anderen Hintergründe waren - und hat mich in einem Gemeindekindergarten einer Kirche, als Musiker empfohlen. Es sollte mit Kindern musiziert werden. Genauer gesagt, sollte ich mit Begleitung der dortigen Erzieher zu dem Gesang der Kinder entweder Gitarre, oder Klavier spielen. Eigentlich wollte ich ja überhaupt nicht mehr in einer Kirchengemeinde tätig sein. Ich hatte schon mal einschlägige Erfahrungen gemacht, die nicht meiner Sichtweise von Pädagogik, oder Nächstenliebe entsprachen. Aber so ist es, wenn man genötigt ist, jeden Job anzunehmen. Es ist schon alleine sehr demütigend, wenn man sein Gesicht verliert und bei seinem Peiniger betteln muss.

Dort war ich dann also zu einem Vorgespräch. Es war ein kurzes, freundliches und sachliches Gespräch. Ich habe, weil ich ein ehrlicher Mensch bin, mit offenen Karten gespielt und über den Cybermobbingfall gegen mich berichtet. Man wollte noch ein aktuelles, sog. „großes Führungszeugnis" von mir haben. Ich meinte, das ich so etwas noch zu Hause habe. Zwar vom letzten Jahr und ich sei mir auch nicht sicher, ob es ein „großes Führungszeugnis" ist, aber ich könne es schon mal einreichen. So etwas kostet ja schließlich auch Geld. Die Dame war mit einverstanden. Wir hatten sogar schon einen Probetermin vereinbart um zu schauen, wie die Kinder das nun annehmen. Aber ca. 3 Tage später, also auch bevor der Probetermin überhaupt stattfinden konnte, erhielt ich dann wortgetreu folgende E-Mail:

Sehr geehrter Herr Krause,

leider muss ich Ihnen absagen, aufgrund Ihrer Mitteilung habe ich Rücksprache mit meiner Chefin gehalten, und müssen Ihnen mitteilen, dass das Risiko zu groß ist, ins Gerede zu kommen. Es tut mir leid und ich hoffe für Sie, dass man die Übeltäter schnell findet.

Aber wir können es uns nicht erlauben ins Gerede zu geraten. Trotzdem Danke für Ihre Offenheit !

Mit freundlichen Grüßen

Zu allem was mir schon passiert ist, musste ich mir ausgerechnet von einer Kirche, so eine Backpfeife einhandeln ? Wir haben immer noch eine sog. Unschuldsvermutung in Deutschland und dreist, wenn ich irgendetwas der Gleichen gemacht hätte, was mir diese pervertierten Täter vorwerfen, sollten

Christen doch die sein, die zumindest verzeihen, wenn es denn in meinem Fall überhaupt nötig gewesen wäre, oder !?! Wo bitte, ist hier die allseits gepriesene Barmherzigkeit ? Aber weil ich aus meinen persönlichen Erfahrungen aus dieser Institution schon einiges gewohnt war, bin ich in diesem Falle zwar ebenso schockiert und gedemütigt, aber wundern tut es mich nicht.

Ich habe mich über diese Verfehlungen beim Bischof beschwert, der sich für nicht zuständig hielt und es an den zuständigen Probst weitergeleitet hat. Auch die Presse habe ich informiert, weil ich hier um meinen Ruf kämpfen muss. Stellen Sie sich vor, es heißt auf einmal, selbst die Kirche will ihn nicht. Auf dem Land funktioniert das soziale Miteinander nun mal anders als in einer Großstadt. Die Presse hat wohl wiedermal kein Interesse, über so eine Verfehlung der Kirche zu schreiben. Schade, hätte anders laufen können, aber auch die Chance wurde seit 1945 nicht das erste mal versäumt. Nun hat sich der Probst bei mir telefonisch gemeldet. Ohne das ich diesem Menschen etwas schlechtes andichten möchte, hatte ich hier den Eindruck das dieser, gelinde formuliert, mit diesem Verfahren völlig überfordert war.

- Ich habe nicht einmal das Wort „Entschuldigung" vernommen. Nur „tut mir Leid" und „Ja ja, das kann ich schon verstehen." (*Wo bei das noch viel war. In den ersten 10 Minuten kamen, bei allem Respekt, nur Halbsätze und Gestottere. Mit Verlaub, aber ich möchte nicht bedauert werden. Das ist die Grundlage aller Menschenwürde*).

- Er wollte mir nahelegen, das ich die „Frau Pädagogin" verstehen müsse, da diese schließlich nicht wüsste, was Cybermobbing überhaupt ist. (*Eine Pädagogin weiß das nicht ? Naja, ... ! Auch die Aussage, das ich als Geschädigter einen Täter verstehen soll, spricht für sich*).

- Es klang für einen Moment fast bedrohlich, als er mich fragte, warum ich die Presse eingeschaltet hätte und so wörtlich: „was meinen Sie, was Ihnen dabei passieren kann, wenn das in der Zeitung steht ... das könnten dann schließlich die Täter lesen und dann würden die weiter machen" (*Ist es nicht eher so, das hier etwas vertuscht werden soll ?*)

> - In diesem Bezug fragte er mich auch, was ich mir denn von der Kirche gewünscht, oder vorgestellt hätte. Ich sagte: „Ich weiß ja nicht, was die Kirche so alles machen kann, aber ...". Darauf unterbrach er mich mit den Worten: „Sehen Sie, die nämlich auch nicht ... !" *(Ich habe hier nicht und ich will auch auf keinen Fall um [hohe] Spenden betteln, oder auch nicht nach anderen Sachleistungen, die andere sog. „Notleidende" in den Hintern gesteckt bekommen. Aber vielleicht eine Seelsorge, eine kleine Geste der Menschlichkeit, oder einen Zuspruch. Gar nicht reagieren, oder fragen, was man hätte machen sollen, halte ich zumindest für einen Menschen der eine seelsorgerische Ausbildung / Funktion hat, für emotional äußerst grenzwertig bis ungeschickt und verfehlt).*

Einen verurteilten Mörder wird diese Kirche als Theologen einstellen, aber ein Opfer was von kranken, pervertierten Straftätern seiner körperlichen und geistigen Kraft, sowie seiner Existenz beraubt wird und in den Tod getrieben werden soll, kann man nicht mal eine Hilfestellung bieten und tritt obendrein noch hinterher ... ? Ohne pharisäisch wirken zu wollen, das erinnert mich an die Zeit im Mittelalter, wo man noch Hexenverbrennungen gefeiert hat. Wenn ich es richtig versanden habe, ist man ja in dieser Glaubensrichtung sowieso der Meinung, das die Menschheit sich nicht entwickeln kann und immer die selben Sünder bleiben. Also bitte, ... ! Es spricht auch für sich, wenn man die Thesen von Martin Luther liest, auf den sich sogar ein Hitler in seinem Buch berufen hat. Wie schrieb dieser Meister einst in seinen Thesen ?

„Ich warne Euch vor den krüppligen Kindern, denn sie sind des Teufels, ..."

3.2 Das Desinteresse, oder der Umgang mit Cybermobbing in unserer „Gesell"schaft:

Auf Anraten meines Traumatherapeuten habe ich nun unter anderem versucht, eine Selbsthilfegruppe für Cybermobbing ins Leben zu rufen. Mein Ziel war es, nicht nur Opfer an einen Tisch zu bekommen, um sich dem Schaden Luft zu machen, sondern auch z.B. an Schulen, oder in Betrieben, Präventionsarbeit und Aufklärung zu leisten. Unmittelbar nach den Sommerferien 2013 habe ich mich mit diesem Projekt an sämtlichen Oberschulen / weiterführenden Schulen im Landkreis beworben. Die Bewerbungen erfolgten per E-Mail, an 3 Schulen in meiner Nähe persönlich und ebenso per Post. Ich bekam von niemandem auch nur eine Antwort. Nicht mal eine Absage war zu verzeichnen. Anscheinend gibt es so was an unseren Schulen nicht, oder man hat kein Interesse daran Hilfe anzunehmen, um sich den Problemen die daraus entstehen, Luft zu machen. In jedem Fall eine echt *tolle* Form der Pädagogik, die hoffentlich nicht allzu doll auf die Kinder und Jugendlichen zurückstrahlt.

Auf einer Podiumsdiskussion, durfte ich einmal als Redner teilnehmen. Alleine wie dies abgelaufen und zu Stande gekommen ist, ist kurios bis lächerlich. Fakt war, das einer der Schulrektoren von einem hiesigen Gymnasium, meiner Rede beigewohnt hat. In seiner Schule habe ich meine Bewerbung sogar persönlich im Sekretariat abgegeben. Dieser Rektor hatte es nicht nötig mich zu grüßen, geschweige denn, sich über den Verbleib meiner Bewerbung zu äußern, oder vielleicht auch über den Inhalt meiner Rede. Über die Anwesenheit dieses Mannes habe ich erst später, durch eine Journalistin erfahren. Ich möchte hier hinzufügen, das es gerade in dieser Schule, wo dieser Mann tätig ist, zu Cybermobbing gegen mindestens einen Lehrer und einem Schüler in heftigster Form gekommen ist. Der Lehrer wurde sogar für längere Zeit aus dem Schuldienst genommen, weil er sich von dem Schock erholen musste. 2 Schüler aus dieser Schule, die lange Zeit bei mir im Musikunterricht waren, haben sogar mit meiner Geschichte einen Schreibwettbewerb auf dieser Schule gewonnen. Über die Form und das Niveau dieser moralischen Verfehlung bin ich mittlerweile erhaben. Aber wie ein Pädagoge – so dürfen sich diese Menschen ja nennen - der ein Gymnasium führt, diese emotional verfehlte Haltung rechtfertigt, wäre interessant und es sei ggf. auch vom zuständigen Schulamt / Ministerium zu prüfen, ob so eine Person überhaupt noch kultiviert genug ist, so einen Posten zu bekleiden.

Auch ein anderes Gymnasium hat mir eine sehr delikate Form der Ablehnung geboten. Nachdem man auch hier nicht auf meine Bewerbungen vom Sommer 2013 eingegangen ist, sprach mich eine junge Dame an und fragte mich, ob ich vielleicht was in Ihrer Schulklasse zu diesem Thema machen könne. Ich sollte mich nun beim Lehrerpersonal melden und meine Unterlagen dort abgeben. Daraufhin bekam ich ein Schreiben, in dem definitiv interessierten Schülern unterstellt wurde, das sie sich eher für die Möglichkeit begeistern ins Fernsehen zu kommen, als Interesse an dem Kernthema zu haben. Eine Fernsehproduktion wollte nämlich mein Vorhaben drehen. Aber es war den Herrschaften dort anscheinend nicht recht. Es wurde ferner behauptet, das es in der Schule eine Schülergruppe und sogenannte „delegierte Lehrkräfte", die sich dem Thema Cybermobbing angenommen haben sollen, gibt. Von ca. 18 befragten Schülern kannte kein Einziger weder die Gruppe, noch den Lehrer und selbst im Lehrerkollegium, scheint dies nicht bekannt zu sein. In jedem Fall erklärte man mir in diesem Schreiben noch, das, Zitat: „ein ... Vortrag ... weder nötig noch gewünscht" sei. Aber, die Verfasserin dieses Schreibens (s.w.u.) stellt sich vor einer Schulklasse hin und meint, das es ja egal ist, über was es in dem Vortrag geht, Hauptsache wir kommen ins Fernsehen. Eine traurige Wahrheit, die mir von mehreren Schülern bestätigt wurde ...

Die Schulleitung hatte jedoch eine ganz andere Meinung, um meine Hilfe abzulehnen. Man meinte, gegensätzlich zu der vorgenannten Erklärung, das meine Geschichte zu hart für die Schüler sei. Wer als Pädagoge etwas von Entwicklungsstufen (Erik Erikson), oder Zielgruppenanalysen versteht, wird diese Äußerung entsprechend bewerten. Darüberhinaus möchte ich betonen, das wohl keiner besser über so ein Thema referieren kann, als ein Opfer selber. Oder wollen die lieber einen von diesen gelackten Sozialpädagogen, die Ihr „Fachwissen" lediglich aus irgendwelchen Büchern haben ? Also soweit ich weiß, hat man auch nichts dagegen (und ich auch nicht), das ein trockener Alkoholiker, Vorträge über Sucht hält und ein ehemaliger Schläger einer Rockergruppe, der mindestens 7 Jahre inhaftiert war, bei Kindern und Jugendlichen, Kurse für Gewaltprävention abhalten kann. Ich habe gerade von dieser Schule einige pädagogische Verfehlungen gesammelt und archiviert. Stoff für ein neues Buch ? Das macht wohl schon jemand anders, soweit ich weiß.

Vor den Sommerferien 2014 hatte ich Kontakt zur Schülervertretung dieses Gymnasiums bekommen. Man zeigte großes Interesse und wollte unseren Vortrag über Cybermobbing haben. Endlich, dachte ich. Nun teilte mir die SV zu meiner Freude mit, das ich mich unbedingt, wegen der Koordinierung meiner Vorlesung, bei der Rektorin melden sollte, was ich auch tat. Als ich dort anrief, teilte mir die Schulsekretärin mit, das die Dame nichts von so einem Fall wüsste und außerdem sei sie ja so beschäftigt, das sie das auch bestimmt vergessen hätte und, ...

(Auf der Abbildung 102, das Replik eines deutschen „Vorzeigegymnasium". Was unterrichtet die Verfasserin dieses Schreibens eigentlich ... ?)

Bad Segeberg

23795 Bad Segeberg

Bad Segeberg, den 13.03.2014

EINGEGANGEN 12. März 2014

Herrn
Ralf-Axel Krause

Vortrag zu Cybermobbing

Sehr geehrter Herr Krause,

vielen Dank für Ihr Angebot zum Thema Cybermobbing. Ihr Engagement für dieses Thema ist verständlich und bemerkenswert!

Wie ich meiner Schülerin ▇▇▇ bereits mitgeteilt hatte, erwartete ich eine ablehnende Haltung zu einem weiteren Vortrag zu diesem Thema seitens der Schulleitung, da eine Präventionsmaßnahme dazu bereits durchgeführt worden ist.
Die Schüler begeisterten sich hauptsächlich für die Möglichkeit, ins Fernsehen zu kommen, weniger zeigte sich ein weiterer Gesprächsbedarf für das Thema.

Die für dieses Thema delegierten Lehrkräfte unserer Schule bilden gemeinsam mit einer Schülergruppe eine Präventionsgruppe gegen Cybermobbing, die dann gezielt in die Klassen gehen und mit Vortrag und interaktiven Maßnahmen die Schülerinnen und Schüler für dieses Thema sensibilisieren und als dauerhafte Ansprechpartner in der Schule zur Verfügung stehen.
Daher ist ein weiterer Vortrag im Moment leider weder nötig noch gewünscht.

Für Ihr weiteres Engagement als auch für Ihre private Situation wünsche ich Ihnen alles Gute!

Mit freundlichen Grüßen

Abbildung 102

Denken die wirklich, ich bin blöd ? Wenn die mich nicht wollen, bitte, aber dann bitte so fair sein und es definitiv aussprechen und begründen – und zwar an mich direkt und wenn es geht, in mein Gesicht. Ja, sowas habe ich ! Entschuldigung, aber langsam reicht mir dieses Geheuchel. Also auch hier mal wieder: „Pustekuchen" ? Nein, die Schülervertretung hatte Ihr Interesse durchgesetzt und nun können wir da endlich einen Vortrag halten, dachte ich ! Aber wieder muss sich einer wichtig tun und diesmal versuchen, meine Person in Frage zu stellen. Ich sei, so wurde mir berichtet, nach Äußerung einer Religionslehrerin die in diesem Institut eine seelsorgerische Tätigkeit hat, eine „zwiespältige Persönlichkeit" und man müsse erstmal prüfen, wer ich überhaupt bin (*Ich kenne diese Frau nicht persönlich und sie hat es mir somit auch nie ins Gesicht gesagt, geschweige denn, begründet !*). Klar, 5 Tage vor einem Termin, der schon 5 Monate (!) feststand und mit der Schulleitung – der Rektorin persönlich - abgesprochen war. Ich bin gespannt, wie lange dieses Affentheater noch geht. Vielleicht so lange, bis das Thema nicht mehr aktuell ist, damit sich zwischenzeitlich ein anderer Karrierist, der vielleicht noch ein bestimmtes Klischee bedient, die Lorbeeren anstecken kann ? Langsam kriegt diese Geschichte einen lächerlichen Touch, wenn es hierbei nicht auch um Kinder und Jugendliche gehen würde. Ich frage mich, was ist das für eine verfehlte Pädagogik, über Kinder zu lügen – sie damit auch noch gleichzeitig zu belügen - und Ihnen Ihren Wunsch auf Information, insbesondere bei einem so aktuellen und eklatanten Thema, damit abzusprechen ? Wir können froh sein über jeden Jugendlichen / jedes Kind, was diese Warnungen überhaupt annehmen kann und was machen diese karrieristischen „Pädagogenclowns" ? Tut mir Leid, aber die Früchte von diesen Verfehlungen gehen dann nicht auf mein Konto ! Ich möchte mich hier nicht auf die Stufe stellen und jemanden denunzieren, aber sowas muss an die Öffentlichkeit und darüber muss gesprochen werden. Vielleicht wird ja wirklich noch das eine, oder andere Buch mehr über diese Formen von Missständen an unseren Schulen – oder an dieser speziellen Schule – auf den Markt kommen. Schauen wir aber, ob sich dann was bewegt.

Ich habe mich dann der Schulleitung schriftlich mitgeteilt und auch meine Enttäuschung geäußert, weil sich langsam aber sicher meine Geduld minimierte. Mittlerweile liegt eine Stellungnahme der Schulleitung dieser Schule vor und ich bin im positiven Sinne davon absolut berührt. Abgesehen davon das man meinte, das diese Vorgehensweise wohl normal wäre, um jemanden zu prüfen und man keines Weges darauf eingegangen ist, was es mit der „zwiespältigen Persönlichkeit" auf sich hatte, schrieb man mir u.a., „sobald die Möglichkeit dafür geschaffen wäre, werden wir auf Sie zurückkommen". Auch wenn ich für dieses Schreiben wirklich äußerst dankbar bin, warten wir es ab … *(Ich hoffe, das man mir es nicht übel nimmt, das ich skeptisch bin).*

3.3 Zu guter Letzt noch das:

Zu meinem Pech musste es auch durch eine „Verkettung ungünstiger Umstände" dazu kommen, dass das hiesige Grundsicherungsamt nur durch „Zufall" von meiner erneuten Selbstständigkeit erfahren hat und meiner Verlobten daraufhin, für fast ein halbes Jahr, kein Geld bezahlt hat. Hierzu muss ich erklären, das ich in der Zeit, in der die Attacken überhand nahmen, meine Selbstständigkeit vorerst aufgekündigt hatte. Ich wollte dann im April 2013 wieder durchstarten. Wie hängt das wohl zusammen und wer hat hier wohl die Verantwortung zu tragen ? Wir haben hier in dieser Zeit von ca 700,- € / Monat gelebt. Ein traumatisierter Mensch und eine schwer kranke junge, misshandelte Frau. Super ! Nochmals vielen Dank, Deutschland. Das Highlight an dieser Geschichte ist auch, das mich das Grundsicherungsamt nun auf dem Kicker hat und mir immer wieder nachsagen will – mit einer moralisch grenzwertiger und unkultivierter Pedanterie – das ich schwarz arbeite !

Aber auch in dieser Situation, fast keine Hilfe ! Wenn wir nicht einen fähigen Rechtsanwalt gehabt hätten, wären wir jämmerlich vor die Hunde gegangen. Es kam nicht mal von den Personen was, die von Amts wegen hätten helfen müssen, irgendein tröstendes Wort, oder vielleicht mal einen „ALDI-Gutschein". Im Gegenteil, wenn wir auf diese Menschen gehört hätten, hätten wir heute noch mal um die 5000,- € Schulden zuzüglich. Soll ich noch deutlicher werden ?

Eine Zwischenbemerkung am Rande: Was sagte der letzte deutsche Kaiser zu dem Verfahren gegen Schuster Voigt (Der Hauptmann v. Köpenick) ? „Kein Volk auf der Welt, macht uns das nach, …"

Ein Glück habe ich nun endlich einen Rechtsanwalt gefunden, der – wenn man es denn auf diesen Berufsstand transferieren könnte – einen „hypokratischen Eid" auf seine Mandanten hat. Ich wünsche mir, das es von solchen Menschen, insbesondere unter Juristen, mehr geben könnte. Ich habe in meinem Leben relativ oft mit diesem Berufsstand zu tun gehabt und ich habe immer wieder den Eindruck gewonnen, das man oft nicht gut beraten ist, wenn diese Herrschaften z.B. nicht genug Kostennote bekommen. Somit ist mir dieser Mensch heilig, ich bin wirklich schwer dankbar, das wir ihn haben ! Aber auch Rechtsschutzversicherungen können einem das Zweifeln lehren. Was in der Reklame angekündigt ist, ist in der Realität dann oft nicht durchführbar … Äußerst amüsant bis grenzwertig, wie man hier auf einmal Erklärungen finden kann, wie etwas nicht geht und man dann auch hier als Opfer alleine gelassen wird.

4. Auszug aus einem Hilfeschrei(ben) an die Politik

(Mit Stand vom 26. Dezember 2013)

Die folgenden Zeilen, stammen aus einem Schreiben welches ich an, u.a.a mehrfach, verschiedene Institutionen, Politiker und staatliche Organe geschickt habe.

Sie können dieses Schreiben gerne als Vorlage, oder Anreiz verwenden, wenn Sie es für nötig halten und in Ihrem Fall ebenso Politiker, oder Institutionen anzuschreiben. Ich hoffe natürlich, das Sie so etwas nie brauchen werden, aber wenn, dann sollten die Damen und Herren in Berlin mal wach gerüttelt werden !

> Sehr geehrte Damen und Herren ,
>
> in diesem Schreiben möchte Ihnen hier den Fall über die kriminellen Angriffe auf meine Verlobte und mich vorstellen.
>
> Diese Sache klingt schon so böse, das sie kaum glaubhaft wirkt. Aber es ist die bittere Wahrheit und es passiert mitten in Deutschland. In dem Land von Goethe, Schiller, Kant und Bach. Im Land der Dichter und Denker.

Ich hatte mich in dieser Sache im Jahr 2012, mit Bitte um Rat und Hilfe, an viele Institutionen gewannt, unter anderem auch an unsere

- Bundeskanzlerin, Frau Dr. Merkel,
- den Bundespräsidenten Herrn Gauck,
- den Bundesinnenminister Herrn Dr. Friedrich,
- die Bundesjustizministerin Frau Dr. Leuthäuser-Schnarrenberger,
- den deutschen Bundestag (Petitionsausschuss),
- den Generalbundesanwalt,
- an den Petitionsausschuss des deutschen Bundestages
- und das Bundeskriminalamt.

aber niemand konnte mir und meiner Verlobten helfen, oder wenigstens einen Ratschlag erteilen. Man bekundete zwar Mitgefühl, aber die Antworten waren teilweise dahingehend erschreckend, da man aus sog. verfassungsrechtlichen Gründen keine Hilfe geben durfte. Ich hätte mir in dieser Zeit gewünscht, das unsere Politiker wenigstens im Stande wären, ein tiefgreifendes Problem aufzunehmen, um es zu beenden. Mittlerweile redet man ja schon viel offener über Cybercrime, Cybermobbing und Stalking, wie in der Legislatur einer schwarz-gelben Regierung.

Ich bin einer von mittlerweile ca. 2 Millionen Fällen pro Jahr (Stand von 2011 – die Zahl der geschädigten hat sich bis heute bei weitem erhöht), die in unserem Land der Straftat Cyberstalking (§ 238 StGB, die Nachstellung u.a) hilflos unterliegen. Meine Existenz wurde weitgehend zerstört. Meine Verlobte war mehrfach wegen einem Suizid im Krankenhaus und ich hatte einen „versuchten Schaden" von nun mehr über 100.000,- € abzuwehren. Darüber hinaus bin ich nervlich so angeschlagen, das ich ärztlich behandelt werden muss.

Die Ermittlungsbehörden sind bis heute anscheinend machtlos und wissen nicht, wo die Fahndung anzusetzen ist. Grund dafür ist hier die immer noch fehlende Vorratsdatenspeicherung, oder ein Äquivalent. (*Kommentar: Mir war nicht bewusst, das wir die Bestandsdatenreglung zum 01.07.2013 schon hatten*).
Ich lebe nun mit meiner Verlobten, auf deren Vorgeschichte ich noch weiter unten eingehen möchte, völlig isoliert. Auf Weisung der Polizei, sollten wir uns

zunächst möglichst aus allen sozialen Bereichen zurückhalten. Da die Täter bislang noch auf freiem Fuß sind, können wir bis heute niemanden mehr trauen und müssen in der Tat aufpassen, mit wem wir uns über bestimmte Dinge unterhalten.

Seit April 2013 haben wir von den Tätern erst mal Ruhe gehabt. Wir wissen nicht ob die noch weiter machen, oder was sonst noch passiert. In den folgenden Absätzen lesen Sie nun einen kleinen Auszug aus unserer Odyssee.

Seit dem 26. März 2011 wurden meine Verlobte und ich, nun in übelster Form gestalkt und betrogen.

Am Montag, den 28. März 2011 habe ich bei der Polizeiwache in ▬▬▬ eine Anzeige gegen unbekannt gestellt.

Zunächst bekam ich „nur" E-Mails mit bedrohlichem Inhalt. Man meinte, ich solle die Stadt verlassen, da ich pädophil wäre. Man würde mir schlimmes antun wollen. Diese Mails kamen dann in wöchentlichen Abständen und es steigerte sich dann auch in immer abstrakteren Formen. Die Form, wie man mich misshandeln will, ging ins Absurde und auch, was ich alles getan haben sollte, entsprach überhaupt keiner Realität. Ich habe nie in meinem Leben weder einem Kind, noch einem anderen wehrlosen, oder kranken Menschen einen Schaden zugefügt. Im Gegenteil, ich habe mich immer für kranke und arme Menschen eingesetzt.

Was zunächst als böser Witz aussah, war eine Äußerung der Täter, das ich keine Chance gegen Sie hätte. Sie würden auch bei der Polizei und beim Anwalt sitzen und würden mich, so sinngemäß, im Griff haben.

Die Polizei meinte zu Beginn, das sie die Täter in 2-3 Tagen hätten. Dies zog sich aber leider nun bis heute raus.

Die Täter erstellten im Laufe der Zeit bei sogenannten sozialen Netzwerken, Hetzseiten gegen mich mit abscheulichen Inhalt. Man kontaktierte sämtliche Freunde und Kollegen von mir und verbreitete furchtbare Lügen. Man behauptete unter anderem, ich hätte vor 17 Jahren ein 12jähriges Mädchen sexuell missbraucht. Diese würde sich nun die Zunge abbeißen und würde sich alle Finger abhacken. Angeblich hätte diese Frau auch ein Kind von mir. Eine ohne Frage widerliche und abstrakte Geschichte und für jeden, der von Misshandlungen etwas versteht, ist dies die kranke Phantasie von Menschen mit Halbwissen. Aber wie denken die anderen, die nicht über Bildung verfügen und vielleicht etwas rustikaler Natur sind ?

Wir gehen davon aus, das es den Tätern bekannt ist, was mit meiner Verlobten passiert ist und warum sie bei mir ist. In einen der Bedrohungsschreiben erwähnten diese auch, das es ihnen egal sei, ob die Beziehung daran auseinander gehen würde und es wäre auch egal, was mit der jungen Frau passieren würde.

Weiter hatten die Täter Annoncen auf meinen Namen im Internet und in verschiedenen Zeitungen veröffentlicht. Es wurde u.a. geschrieben, das ich eine Frau suche und in einer anderen Annonce, das ich meine Firma auflöse und meine Musikinstrumente verschenke. Alleine das so etwas möglich ist, ohne einen Täter ermitteln zu können, ist für meine Begriffe schon grenzwertig.

Ferner hatten die Täter auch bei Ebay-Kleinanzeigen auf Annoncen geantwortet und den Inserenten erklärt, das ich Interesse an Autos hätte. Daraufhin hatten wir bis zu 600 Anrufe am Tag, über eine Woche lang. Es ist fast unmöglich diese Einträge aus dem Internet zu entfernen, bzw. ist es auch nicht möglich etwas dagegen zu unternehmen, wenn sich dritte Personen unter falschen Angaben im Internet Interesse an dort angebotener Ware heucheln.

Bis vor ein paar Monaten konnte man noch einige sehr heftig deformierende Sachen bei Google über mich finden. Wenn jemand meinen Namen bei Google eingeben hat, wurde durch die Autovervollständigung auf „Ralf-Axel Krause Kinderschänder" verwiesen.

Was sollte ich noch tun, um hier einen Schaden abzuwehren ? Warum ist es immer noch nicht möglich, die Betreiber, auch Google, in die Verantwortung zu nehmen ? Die Antworten der Betreiber sind sehr spärlich, wenn man dort um Mithilfe, oder gar um Löschung gewisser Einträge bittet, bewegt sich so gut wie gar nichts. Dazu weiter unten mehr. (*Stand 2013 – mittlerweile habe ich mit Hilfe meines Anwaltes, alles entfernen können*)

Komisch ist, das man Firmen mit den Löschungen beauftragen kann. Diese nehmen ca. 30,- bis 50,- € pro zu löschender Offerte, egal ob erfolgreich, oder nicht.

Da ich anregen wollte, die Betreiber dieser Foren, mehr in die gesetzliche Verantwortung zu nehmen, habe ich auch die damalige Bundesministerin für Verbraucherschutz am 30. Mai 2012 mit entsprechenden Vorschlägen angeschrieben. Frau Aigner hat sich bislang noch nicht gerührt, obwohl man auf der Homepage Ihres Ministeriums ausdrücklich für Verbesserungsvorschläge geworben hat. Nun ist jemand neues in diesem Amt. Ich hoffe hier auf eine bessere Resonanz.

Ähnlichen Terror erlebte auch ein Anwalt und seine Angestellten, der mich zeitweise Vertreten hat. Seine Kanzlei wurde über einen längeren Zeitraum mit Telefonterror stillgelegt und seine Angestellten wurden schwer bedroht. Auch hier wurde angekündigt, das diese u.a. vergewaltigt werden sollten.

Letztlich haben die Täter willkürlich fremde Personen in meinen Namen angeschrieben. Diese wurden dann beschimpft und beschuldigt, mich denunziert zu haben.

Dann bekamen wir sogenannte „Voice-SMS" mit ebenso sehr beleidigendem und grenzwertigem Inhalt. Die Täter machen sich über mich lustig, weil die Ermittlungsbehörden sie nicht ausfindig machen können. Sie glauben gar nicht, wie demütigend das ist und wie das an die Substanz geht.

Alle eingegangenen Beschimpfungen und Bedrohungen habe ich immer zur Polizei, bzw. direkt an die Staatsanwaltschaft weitergegeben und ich habe auch das befolgt, was man mir dort geraten hatte.

Wir hatten mit Schreiben vom 29.07.2011 von der Staatsanwaltschaft mitgeteilt bekommen, dass das Verfahren eingestellt worden ist, da es keine Möglichkeiten gibt, die Täter zu ermitteln. Das war nun ein absoluter Schock für uns.

Bitte erlauben Sie mir diese Äußerung: Ich finde es einfach absurd, das wir Gesetze haben, die uns Schützen sollen, aber es keine Möglichkeit gibt, diese anzuwenden. An dieser Stelle sei auch nochmals und eindringlichst erwähnt, das es Fahndungsmöglichkeiten geben muss, um Internetstraftaten zurück zu verfolgen.

Da wir uns nun hilflos und „vogelfrei" fühlten und wir keinen anderen Ausweg mehr gesehen haben, wie in die Offensive zu gehen, haben wir den Rat eines Privatdetektiven angenommen und uns ans Fernsehen vermitteln lassen. Es kam ein Filmteam von ▬▬▬▬ vorbei und unsere Geschichte wurde gedreht. Die Ausstrahlung war am ▬▬▬▬. (Alles weitere über diesen Fall werde ich hier, wie weiter oben schon beschrieben, rauslassen)

Im Übrigen ist es auch hier selbst durch das Fernsehteam nicht möglich gewesen, jemanden von den „sozialen" Netzwerken, oder bestimmten Suchmaschinen, vor die Kamera zu bekommen, um mit denen über die Verantwortung zu reden. Über dieses Verhalten sollte sich allerdings jeder selber seine Meinung bilden.

Die Polizei in ▬▬▬▬, habe ich immer für unterstützend und fürsorglich gehalten. Man meinte dort, das man so einen heftigen Fall noch nie gehabt hat. Später habe ich mich dann gewundert, warum ich nie Antworten auf schriftlich gestellte Fragen bekommen habe. Es wurde uns auch immer mehr angekündigt, wie im Endeffekt passiert ist. Als ich einmal in meiner Not den Notruf 110 gewählt habe, weil man uns angekündigt hat ein Strengstoffattentat (Zitat: „Weißt Du was RGX ist ?") auf uns auszuüben, bzw. in unserer Wohnung ein Osterfeuer zu legen, sagte mir der Polizist mit fast schon lachender Stimme: „Was meinen Sie denn, was wir jetzt für Sie tun können ?" Ich möchte Form und Inhalt dieser Antwort nicht moralisch bewerten, aber ich möchte doch mal anheim stellen, den zuständigen Polizeiorganen eine kleine kommunikationspsychologische Ausbildung zu ermöglichen, oder zumindest darauf verweist, wie man mit Opfern spricht. Auch, oder insbesondere, wenn man zunächst als Polizist nichts unternehmen kann.

Die Polizisten der Wache ▉▉▉▉▉▉▉▉ haben uns empfohlen, bei einer „Opferhilfe", vorzusprechen. Dies hatten wir bereits schon vorher in beiden Fällen getan. Also bei dem Missbrauchsfall meiner Verlobten und in dem Stalkingfall. Beide Fälle wurden ziemlich sachlich und kalt am Telefon abgewehrt. Man meinte sinngemäß: „Das wären keine Fälle, in dem die „Opferhilfe" helfen könne."

Mitte des Jahres 2011 haben die Täter es sogar gewagt, 8000,- € als eine Spende an die „Opferhilfe" von meinem Konto abzubuchen. Nicht einmal hier kam irgendeine Unterstützung von diesem Verein. Wir wurden sehr barsch am Telefon behandelt. Es kam mir vor, als wenn wir eine Enttäuschung gewesen wären, da die 8000,- € nun hinfällig waren. Ist das wirklich noch ein Zufall ?

Selbst die Bundesjustizministerin, die von mir darüber in Kenntnis gesetzt wurde und in diesem Verein selbst im Vorstand sitzt, ist mit keiner Silbe auf dieses Verhalten eingegangen. Wenn ich diese Dame heute noch im Fernsehen sehe und mit Verlaub, bemerke, wie sie sich emotionslos gegen eine Vorratsdatenspeicherung einsetzt, wird mir Angst und Bange.

Die Staatsanwaltschaft hat nun den Fall nach den Dreharbeiten wieder aufgenommen. Da sich bei mir Zeugen gemeldet haben, die meines Erachtens nach, sachdienliches liefern konnten. Leider machen die Täter, wer es auch immer ist, immer wieder unverdrossen weiter. Man macht Bestellungen auf meinen Namen bei verschiedenen Versandhäusern, wie z.B. auch Amazon, Ebay und vieles mehr.

Wie bereits erwähnt, hatte ich dem Bundesministerium für Verbraucherschutz einen Verbesserungsvorschlag gemacht in dem ich versuchte anzuregen, es unmöglich zu machen, das jeder beliebige Bürger die Daten eines Dritten nehmen kann, damit ein Profil z.B. bei Amazon, oder Ebay eröffnet und unerkannt einen Schaden verursacht, der weit über das hinausgeht, was selbst die Manager der genannten Firmen verdienen. Seitens von Amazon und von Ebay wurde mir fernmündlich mitgeteilt, das es nicht möglich sei, einen Namen zu „blacklisten" bzw. aus dem System fernzuhalten. Man ist dann als Opfer diesen fiesen Attacken grenzenlos ausgeliefert. Darf so etwas sein ?

Ich bin zwar kein Jurist, aber ich denke das Eigentum verpflichten sollte. Wenn ich ein Haus baue, muss ich darauf achten, das sich die Menschen, die ich dann einlasse, keinen Krieg machen. Warum kann das nicht auch für das Internet gelten ? Wie bereits erwähnt, möchte ich hier nachhaltig zu mehr Verantwortung seitens der Betreiber anregen.

Ich war mittlerweile auch kurzfristig in psychologischer Behandlung. Der Therapeut meinte, ich solle seinen Namen da nicht mit rein ziehen und vermittelte mich an einen Kollegen, der, wie er sagt, eine verhaltenstherapeutische Maßnahme mit mir machen könne. Das wäre besser für mich und er selber sei nur ein Analytiker. Ich warte nun seit fast einem Jahr darauf, das diese Therapie endlich los geht. Wir wissen weder ein noch aus. Wir haben niemanden der uns hilft, mit der Sache klar zukommen und es hagelt nur noch auf uns ein. Meine Kunden sind größtenteils ausgeblieben und ich habe meine kleine Firma geschlossen, weil sich das Blatt nicht gewendet hat.

Mein Hausarzt, Herr ███████████, hat mir eine sog. „posttraumatische Belastungsstörung" attestiert.

Wir haben es nun auch in Erwägung gezogen, aus unserem jetzigem zu Hause wegziehen und ggf. auch den Namen ändern. Aber alles was wir diesbezüglich machen, hat immer mit einem Risiko zu tun. Bleiben wir hier, ist es nicht sicher, ob und wie die Täter weiter machen, oder doch aufhören, oder ob diese irgendwann noch überführt werden. Ziehen wir weg, egal wo hin, kann es auch dort weitergehen. In jedem Fall muss ich mir das, was ich mir hier in den letzten 7 Jahren aufgebaut habe, wieder von neuem aufbauen. Stellen Sie sich vor, wir ziehen in eine neue Gegend und auf einmal gehen da diese Gerüchte wieder herum. Dann stehe ich wieder vor einem Scherbenhaufen und kann gleich wieder aufhören zu arbeiten.

Für meine schwer kranke Verlobte ist dies der nächste Albtraum den sie durchlebt. Sie ist ja nicht nur von Potsdam hier hochgezogen, weil wir uns verliebt haben, sondern weil sie auch dort, wie bereits beschreiben, dem Tod geweiht war. Sie hat hier - trotz allem und was sehr bewundernswert ist - neuen Lebensmut gefunden und ist auf dem besten Wege immer gesünder zu werden und nun kommen diese Stalker und machen alles ohne Rücksicht wieder kaputt. Sie hat hier die besten Ärzte, eine vorbildliche Nervenklinik mit christlichem Hintergrund ist in der Nähe und es mangelt auch an sozialen Voraussetzungen nicht. Ich frage mich auch, was die Täter gegen meine Verlobte haben könnten. Die Frau hat niemanden etwas getan. Was muss in diesem Menschen für ein Hass sein, das Ihnen das Leben einer schwer kranken jungen Frau egal ist ?

Nach Auskunft der Ermittlungsbehörden ist die Vorratsdatenspeicherung, oder ein Äquivalent, genau das, was unsere dämonische Odyssee sofort beenden könnte. Bis dahin haben wir keinen Schutz mehr in unserem Land und sind wahrscheinlich diesem Terror bis zur Vernichtung ausgesetzt. Sollen wir auswandern ? Wäre vielleicht eine Möglichkeit den Terror zu beenden und Frieden zu finden, aber wohin ?

Ich würde meine letzten Ersparnisse dafür geben, einen „Finderlohn" für den Täter zu zahlen.

Als weiteres habe ich hier in der Gegend ein paar Zeitungsredaktionen um Mithilfe gebeten, aber es kam leider keine Antwort.

Warum gibt es nicht einen sog. „Profiler", oder andere Fachkriminologen und Internetspezialisten, die nach den Tätern suchen können ? Gibt es nicht doch irgendeine Form der Überwachung meiner E-Mailadresse, oder eine spezielle Form der Rückverfolgung des Versenders ?

Ich habe auch bei der Staatsanwaltschaft einen Gutachter für Linguistik, Herrn Prof. Dr. Drommel beantragt. Dies blieb jedoch ohne Antwort. Herr Dr. Prof. Drommel kann an Hand von Satzbauten und Wortwahl ‚Täter ermitteln und ist auch als „der Sprachdetektiv" bekannt. Wenn wir die Datenvorratsspeicherung schon nicht haben, dann muss es doch wenigstens ein Äquivalent geben, oder sehe ich das falsch ?
Zu unserem absoluten Entsetzen wurden die Verfahren nun mit Schreiben vom 2. April 2012 von der Staatsanwaltschaft in Kiel wieder eingestellt.

Auf Empfehlung einer weiteren Fernsehproduktionsfirma hatte ich Kontakt zu einem renommierten ▌ Anwalt für Stalking und Mobbing bekommen. Herr ▌ aus ▌, war so frei und hat mit mir am Telefon ein sehr nettes und informatives Gespräch geführt. In diesem Gespräch wurde mir zu meinem Verwundern erklärt, das es u.U. gar nicht nötig wäre eine Vorratsdatenspeicherung haben zu müssen und das es durchaus möglich wäre, das die Staatsanwaltschaft in Kiel keinen Anlass sehen würde, diese Sachen zu behandeln. Ich war erschrocken ! Wie deckt sich denn das mit den Aussagen der Polizei ? Uns wurde immer wieder beteuert, das es ohne die Vorratsdatenspeicherung nicht ginge und man machtlos sei. *(Kommentar: … nur deshalb machtlos sei ?)*

Zu meinem weiteren Erstaunen meldete sich am 27. April 2012 die Journalistin ▌ bei mir und fragte, ob sie meinen Fall in der Sendung „▌" bringen dürfte. Ich willigte dankend ein und am nächsten Tag waren auch gleich die Dreharbeiten. Die findige Journalistin recherchierte und fragte auch mit meiner Genehmigung bei der Staatsanwaltschaft in Kiel an. Die Stellungnahme der Staatsanwaltschaft war entsetzlich. Man meinte wohl sinngemäß, „ … das dies ja nicht mehr wäre wie ein Nachbarschaftsstreit und man hätte kein Interesse diesen Fall zu bearbeiten. Den Parteien wird empfohlen die Sache in der Privatklage zu klären …" Was war das für ein Schock für uns.

Frau ▌ meinte, das es sein könnte, das hier die „Strafvereitelung im Amt" vorliegen könnte.

Dazu fehlen mir die Worte. Nun lebten wir 1 ½ Jahre in Todesangst, werden immer kranker, müssen hilflos zusehen wie unsere Existenz kaputt gemacht wird und dann sowas ? Wir beten jeden Morgen, das uns die Polizei endlich helfen kann und das endlich was passiert und dann kommt so ein Ergebnis ? Wir sind belogen und betrogen worden. Darüber hinaus kann uns keiner Sagen, wie lange wir noch mit diesem Trauma leben müssen. Es wird lange dauern, bis wir diese ganze Odyssee endlich verarbeitet haben und wieder am normalen Leben teilhaben können.

Leider konnte der Fall dann doch nicht gesendet werden und ist von der

███████████ Redaktion auf unbestimmte Zeit verschoben worden. Auch wieder mal eine Hilfe, die versagt hatte ? *(Heute, kann ich mir vorstellen was dahinter stand)*

Wir sind verwirrt und restlos verzweifelt und wir wissen keinen Ausweg mehr. Man kann es nur mit den Worten erklären, die Jemand über sein Erlebnis mit der Bombardierung europäischer Großstädte im 2ten Weltkrieg genutzt hat. „Man kann dem nicht entfliehen und es gibt keine Hilfe, selbst der tiefste Keller ist eine Gefahr." Unsere Geschichte ist fast so unglaubwürdig, wie sie gemein ist. Aber es ist leider Gottes die Wahrheit und wir mussten das alles so erleben.

Wer kann uns überhaupt noch helfen ? Gibt es überhaupt jemanden der etwas tun kann ? An wen können wir uns wenden und was gibt es endlich für eine Lösung um die Täter zu überführen ? Der Terror muss ein für alle mal aufhören und ich denke auch, das ich diese Fragen nicht nur auf uns beziehe, sondern auch im Namen aller Opfer und Betroffenen frage. Unsere Freiheit, die uns der dieser Rechtsstaat im eigentlichen Sinne garantiert, ist uns auf eine ziemlich fiese Art genommen worden. Wer möchte das verantworten ?

Erst kürzlich kam in den Nachrichten, das die Telekom nun ein extra IT-Bereich gegen Cyberangriffe einrichten will, weil der Schaden bei 50 Milliarden (!) € / Jahr liegt. Wenn schon der Eindruck entsteht, das ein Menschenleben nichts wert ist, dann könnte doch wenigstens diese Summe ein Motor dafür sein, endlich gegen diese Form der Kriminalität tätig zu werden.

Wir hatten am 10. Juli. 2012 einen Exklusivvertrag mit einer Fernsehproduktionsfirma aus Berlin, die auf einem deutschen Privatfernsehsender Stalkingfälle aufklären will, zu unserem Cyberstalkingfall unterschrieben. Dieser Vertrag galt zunächst bis zum 31. Dezember 2012. Ob wohl der Vertrag nun schon längst ausgelaufen ist, hielt diese Firma noch bis Mitte April 2013 Kontakt zu mir. Ich habe immer gehofft, das man mit diesem Mittel an die Täter kommen wird. Die Redakteure meinten, das man es schaffen könnte und man hatte mir auch versprochen, alles dafür zu tun. Nach alldem was bis jetzt passiert ist, will ich einfach realistisch sein und nur das glauben was ich wirklich sehe. Die Dreharbeiten wurden immer wieder auf unbestimmte Zeit nach hinten verschoben und ich bekomme keine Informationen, über das, was in meinem Fall geplant, oder ggf. auch schon ermittelt wird. Mein Rechtsanwalt meinte, das ich ich hier einen sog. Knebelvertrag unterschrieben hätte und ich keinerlei Rechte an irgendetwas hätte. Am 11. April 2013 habe ich die Produktionsfirma mit der Bitte angeschrieben, mir mitzuteilen, ob es überhaupt noch Interesse an meinem Fall geben würde. Jegliche Antwort blieb bislang aus. Bei einem letzten Telefonat, Mitte April, mit einem Redakteur, der sonst mindestens einmal die Woche mit mir gesprochen hatte, habe ich auch noch mal darum gebeten, mir dies mitzuteilen. Auch hier erfolgte keine Reaktion. Ich bin sogar der Meinung, das diese Redaktion gegen mich gearbeitet hat und nie auf meiner Seite war.

Egal wie das noch ausgehen wird, es wird immer ein Restschaden zurückbleiben und den Schmerz werden wir noch lange Zeit mit uns tragen müssen.

Da wir uns damit nicht zufrieden geben können, haben wir am 25. Juli 2012 als weiteres den Landesinnenminister, ███████ und die Landesjustizministerin, ███████ mit Bitte um Hilfe angeschrieben. In einem Antwortschreiben vom 27.8.2012 hat man mir mitgeteilt, das man die Sache an die Oberstaatsanwaltschaft / Generalstaatsanwaltschaft, mit der Bitte um Klärung weitergeleitet hat. Frau ███████ und Herr ███████ waren die ersten Politiker, die uns hiermit wirklich geholfen haben. An dieser Stelle sei mein tiefster Dank erwähnt !

Mit Schreiben vom 13. Dezember 2012 hat mir die Oberstaatsanwaltschaft / Generalstaatsanwaltschaft von ███████ mitgeteilt, dass das Verfahren wieder aufgenommen worden ist. Ich kann nur noch hoffen, das es einen guten Ausgang findet. Es steht wohl außer Frage, das man die Täter finden muss, damit es keine weiteren Fälle wie meinen gibt.

Durch meinen Rechtsanwalt hatte ich nun am 22. Januar 2013 Klage gegen den Suchmaschienenbetreiber „Google" beim Landgericht Hamburg eingereicht. Immer wieder wurde mein Name mit der Bezeichnung „Kinderschänder" in Verbindung gebracht und es wurde nichts gegen getan. Google weigerte sich trotz mehrmaliger Aufforderungen, diese Ergänzungen zu entfernen. Diese Sache wurde nun Mitte April 2013 damit erledigt, das Google von sich aus erklärte, alles negative über mich zu entfernen.

Meine Verlobte war nun vom dem 8. Januar 2013 bis zum 20. März 2013 in einer Nervenklinik und versuchte alles therapeutisch aufzuarbeiten. Die Betreuer meinen, das sich nach der klinischen Therapie, noch eine weitere psycho-soziale Betreuung bis zu 3 Jahren anschließen sollte und eine gerichtliche Betreuung für Gesundheit ist bestellt worden. (*Kommentar: Die Kosten hätte man sich sparen können, wenn man nicht so bewegungsresistent gewesen wäre ...*)

Die Täter haben sich letztmalig (Stand: 2012) mit einem Eintrag im Gästebuch meiner Homepage bei mir gemeldet. Der Inhalt war vergleichsweise harmlos:

„*Du scheinst wirklich nicht zu raffen worum es hier geht, aber was kann man auch von einem solchen päderasten wie dir erwarten. Axel es geht nur um DICH, von Anfang an nur um DICH! Dein kleiner Straßenköter Shiva, ist für uns nur Mittel zum Zweck. Und wenn sie drauf geht? Was soll's. Sie ist eben nur Kolleteralschaden. Und je eher du das begreiffst desto besser für Sie Da wir aber wissen das du den vorher genannten Satz aufgrund deiner Zurückgebliebenheit nicht raffen wirst werden wir es DIR elenden Kinderficker etwas deutlicher beschreiben.>> Trenn dich von Ihr, denn sonst bringst du ihr noch den Tod! Oder merkst du nicht wie sie wegen dir Ratten-Axel Krause leidet. Überleg dir mal was sie alles durchmachen musste. Und auch bald wieder durchmachen wird. Trenn dich von Ihr und unterlasst jeden Kontakt miteinander. Aber wenn Sie und Ihr Leben dir nichts bedeutet und Sie für dich weiterhin einen "Kugelfang" darstellen soll,dann bleib ruhig weiter mit Ihr zusammen. Genieße die Ruhe vor dem Sturm. PS: An Sicherheit scheint dir noch immer nicht viel zu liegen.Wir sehen uns Axel. Wir sehen uns! Mit freundlichen Grüßen Dein ca. 2738m (auf Route 3.1) entfernt wohnender Todesbote.*

Wir werden die Hoffnung nicht aufgeben und uns an jeden Strohhalm halten, der zur Ergreifung der Täter führen könnte.

Wenn Sie mehr Informationen zu unseren Fällen haben wollen, bin ich gerne bereit, Ihnen alles dafür zur Verfügung zustellen, was ich gesammelt habe. Sie können dann auch gerne, die zuständigen Behörden um Auskunft oder

Akteneinsicht bitten.

Wenn ich nun bilanzierend auf diesen Fall zurückschaue, muss ich feststellen, das ich in diesem Krieg völlig alleine war. Die, die mir hätten helfen müssen, konnten nicht, weil die Politik das Werkzeug (Vorratsdatenspeicherung o.ä.) nicht bereitstellt. Die, die hätten helfen können, entpuppten sich als Luftblasen. Es war fast niemand da. Weder die Kirche, noch ein Opferverband. Selbst zu einem Facharzt zu gelangen, war sehr schwer.

Es ist als Opfer von Cybermobbing sehr demütigend zu wissen, das der deutsche Steuerzahler täglich 350.000,- € Strafgeld an die EU entrichten muss, weil unsere Politik nicht in der Lage ist sich darauf zu einigen, die Vorratsdatenspeicherung, oder ein Äquivalent einzuführen, aber der Kugelhagel nicht aufhört. Neuerlich kam in den Nachrichten, dass das EU-Gericht nun erklärt habe, die Vorratsdatenspeicherung sei Verfassungswidrig. Was ist das für ein Hohn ?

Der aktuelle der Stand der Ermittlungen ist der, das mir die Staatsanwaltschaft mit Schreiben vom 15. Mai 2013 mitgeteilt hat, dass das Verfahren erneut eingestellt wurde.

Ich möchte ausdrücklich betonen, das ich hier nicht den Eindruck vermitteln möchte, das die Ermittlungsbehörden Ihre Arbeit nicht korrekt machen würden, aber ich denke, ich halte einiges für verbesserungswürdig. Ich könnte mir vorstellen, das z.B. auch Juristen eine bessere Schulung für Kriminologie erhalten sollten und insbesondere in Fällen wie meinem, vielleicht auch mehr auf sogenanntes „Profiling" setzen sollten, wie nur auf reinen juristischen Vorgaben. Es sind gerade in meinem speziellen Fall so viele fast schon eindeutige Hinweise, die auf einen bestimmten Täterkreis hinweisen, das es schon stinkt. Man müsste halt „nur" verstehen und tätig werden.

Nun haben seit ca. Mitte April 2013 Ruhe gefunden haben. Ich kann nun endlich eine Traumatherapie bei einem Psychologen in ▓▓▓▓▓▓ machen. Im Rahmen dieser Therapie baue ich unter der Leitung von ▓▓▓▓▓▓ eine Selbsthilfegruppe für Cybermobbing / -stalking auf.

> Es sind nur wenige Freunde geblieben und meine Familie, die zu mir gehalten haben. Viele haben sich von mir abgewendet. Auch wenn sich niemand um mich kümmern sollte und sich auch niemand für mein Problem interessiert. Ich werde mich nicht kaputt machen lassen und so lange kämpfen und suchen, bis ich die Täter finde. Die Zeit wird auf meiner Seite sein.
>
> Sie können auch gerne in Ihrem Bekannten- und Verwandtenkreis über meinen Fall sprechen. Zeigen Sie auf, wie gefährlich das Internet mittlerweile sein kann und auch warum. Sagen Sie es vor allem auch den Kindern und Jugendlichen. Das Internet ist eine böse Waffe geworden. Auch wenn man dort selbst nicht aktiv ist, kann man, ohne es zu ahnen, bis in den Tod denunziert werden.
>
> Ich möchte nicht das der Eindruck entsteht, das ich hier das arme Opfer bin. Wäre ja auch vermessen, wenn man bedenkt, das es nach Stand Sommer 2013, jeder dritte deutsche schon Opfer von Cybercrime wurde. Ich möchte auch nichts geschenkt haben. Der Kern meiner Aussage sollte aber sein: Wie lange soll das noch gehen, bis es endlich Mittel dagegen und eine adäquate Opferhilfe gibt - und bitte, wer rehabilitiert mich ??? Opfer dieser Straftat kann förmlich jeder werden, nicht nur Teenager, wie so oft in den Berichten erklärt wird.
>
> Ich möchte mich bei Ihnen für das Interesse an meinem Fall bedanken und würde mich sehr über eine Antwort Ihrerseits freuen. Vielleicht wissen Sie ja noch einen Rat, der uns wenigstens ein Stück weit Frieden und Ruhe wiedergeben kann.
>
> Hochachtungsvoll

Auch wenn Politiker meinen, das sie sich nicht in laufenden Verfahren einmischen können – was ja auch erstmal absolut richtig ist – frage ich mich, warum man hier nicht wach geworden ist und sich mal gefragt hat, was so in unserem Land schief läuft. Ich bin doch kein Einzelfall, oder !?! Muss man diese Problematik einfach so stehen lassen und meinen, das regelt sich schon von alleine, oder wie ? Politprimaten und die „gelbe Gefahr" sehen es ja tatsächlich so und ich kann nur davor warnen, diesen verballhornten Mist als realistisch und wählbar anzusehen. Ein guter Freund meinte mal mit typisch Berliner Arbeiterschnauze darauf bezogen: *„Warte mal ab, wenn die Ihre Töchter mit`n blutenden Aasch im Wald*

liejen, dann sind die eena vonne Ersten, die nach `ner Vorratsdatenspeicherung blöken, …"
In jedem Fall ist auch auf diese(n) Hilfeschrei(ben) ist nichts gravierendes passiert, deshalb,

5. Fazit:

Ich bin emotional kein deutscher mehr. Damit habe ich abgeschlossen. Ich habe in meinem Leben viele Höhen, aber vorallem auch Tiefen, durchlebt (*Lesen Sie bei Interesse auch gerne auch meine Biografie „Friendly Fire"*). Ich habe Mist gebaut und dafür eine Rechnung kassiert. Teilweise zu Recht und teilweise musste ich für Sachen einstecken, die absolut unbegründet waren. Ok, kann man mit Leben, ist hart, aber ist halt so. Seit dem ich auf der Welt bin, musste ich mich mit Ablehnung, in vielen Formen, auseinandersetzen. Ich wurde verstoßen, ins Heim abgeschoben, in meiner Persönlichkeit nicht ernst genommen und hatte eher selten eine richtige Chance mich in dieser „Gesell"schaft wirklich zu beweisen. Ich hatte schon lange Zweifel daran, das ich überhaupt in dieses Deutschland gehöre und hätte ich mich als Kind anders artikulieren können, wäre ich sofort zu meiner Tante nach England gegangen. Es war streckenweise demütigend bis grausam und nachher einfach nur noch langweilig und lächerlich. Aber das Cybermobbing hat das Fass zum überlaufen gebracht. Was hier auf meine schwer kranke Verlobte und mich eingeprasselt ist, hat alle Grenzen des guten Geschmacks überschritten und wir hätten wenigstens hier Hilfe und Unterstützung gebraucht und ehrlich gesagt, waren wir sogar noch so naiv und haben auf die „deutsche Hilfsbereitschaft" vertraut und geglaubt, das irgendwo und irgendwann etwas passiert. Aber nicht mal das war drinnen. Abgesehen das alle Hilfe, die von staatlicher Seite hätte kommen müssen, versagt hat, kamen aus dem „sozialen" Umfeld Sprüche wie: „Naja, vielleicht ist ja was drann, was die Leute da sagen … " und „Also ich mische mich da nicht ein, nachher machen die das mit mir auch noch … Ich habe schließlich Kinder, für die ich eine Verantwortung tragen muss ..." Aha, für Kinder Verantwortung tragen wollen, mit dieser Form von Störung ? Was bitte soll das denn ? Leben diese Figuren noch im Mittelalter, oder sind die noch mental im Zeitraum von „1933-45" stehen geblieben, wo man feige die Klappe gehalten hat, als die Gestapo die jüdischen Nachbarn abgeholt hat ? In Afghanistan, oder Mittelafrika könnte man davon ausgehen, das gewisse Hilfen nicht gegeben werden können, aber hier, in Deutschland ? Wir hätten eine Justiz gebraucht, die sich nicht darauf ausruht, das wir keine Vorratsdatenspeicherung haben, sondern die Kreativität darin entwickelt, in dem sie über den „formaljuristischen Tellerrand" hinaus blickt und die Täter auf andere Weise ermittelt. Juristen und Kriminologen sind doch Wissenschaftler. Wo ist hier die Leidenschaft Wissen zu schaffen ? Stattdessen versucht man immer zu erklären, wie was nicht geht. Für mich hat die Politik Ihre Obliegenheit versäumt, uns zu (be-)schützen. Ich will einmal den Leser dazu animieren, darüber nachzudenken, was wir als Äquivalent zur Vorratsdatenspeicherung noch hätten, um die Täter zu stellen. Ist da vielleicht was ? Wir hätten Freunde gebraucht und keine feigen und zweckfreundlichen Heuchler, die sich von uns abwenden, oder uns irgendwo vorführen. Die Menschen, die sich von uns abgewendet haben, hätten uns wenigstens sagen können warum, … aber das ist ja noch die geringste Peinlichkeit. Wo war die Kirche, wo sind die Opferverbände, die für Ihre gelackten, auf hochglanz polierten Flyer auf Kosten der Krankenkassenbeiträge, Ihre ach so selbstlosen Taten anpreisen ? Wo ist die Politik ? Warum hat die Politik nicht reagiert, dreist wenn wir ein Einzelfall gewesen wären. Wir sind Menschen … !!! Es heißt doch in unserem Grundrecht: „Die Würde des Menschen ist unantastbar. Sie zu achten und zu schützen ist Verpflichtung aller staatlichen Gewalt." ? Das ich nicht lache … Meine Würde ist mir genommen worden und die Würde meiner Verlobten ist ihr ebenso genommen worden. Eine Hypothese: Wäre ich ein 18jähriges blondes Topmodell, mit großer Oberweite und vielleicht noch etwas „doof-erotischer" Emission gewesen, dann hätten sich scharenweise irgendwelche notgeilen und dubiosen Juristen und Journalisten – natürlich selbstlos - um mich gekümmert und hätten meinen „Bürzel" wahrscheinlich auch noch aus bestimmten anderen Gründen retten wollen. Ich wäre vielleicht mit irgendwelchen scheinheiligen Politikern und anderen Wichtigtuern von einer blöden Talkshow in die andere gegangen und hätte vorgeheuchelt, wie toll doch unsere „Gesell"schaft funktioniert. Bin ich aber nicht. Also weder Topmodell, noch verlogen. Ich bin ein alter, dicker Bassist, der dem Staat auch noch Geld kostet. Dazu nehme ich mir das Recht heraus, auch noch offen, ehrlich und wahrheitsliebend zu sein. Ich meine, warum auch nicht ? Schließlich habe ich ja nichts mehr zu verlieren. So ein unbequemer Mensch kann nun auch gerne mal krepieren, oder was ? Nein, ohne mich ! Ich lasse mich nicht von grenzdebilen Psychopathen kaputt machen und dreist, wenn mich dieser Staat und diese „Gesell"schaft nicht wollen und mich, gelinde gesagt, noch vor diesem Pack im Stich lassen, dann schreie ich und wehre mich, wie es nur geht. Meine Waffe ist die Wahrheit und die Zeit spielt für mich. Ich werde über das berichten, was passiert ist und ich werde dabei die Gesetze hochhalten, die man gemacht hat, um ein Alibi für eine scheinbar funktionierende „Gesell"schaft in einer sog. „Demokratie" zu schaffen !

Ich hoffe aber, das ich bald nach England gehen kann, dann muss ich hier niemanden mehr auf dem Wecker gehen. Die Engländer sind im allgemeinen ein beachtenswert, faires Volk – speziell meine Freunde da drüben – und die lassen keinen sitzen der leidet, selbst wenn sie daran kaputt gehen würden. Auf dieser Insel bin ich willkommen und könnte sogar wieder als Pädagoge arbeiten. Es wurde mir dort einiges dergleichen angeboten und ich kann nur sagen, das ich kommen werde, wenn alle Mittel dafür zur Verfügung stehen.

Wenn ich sehe, wie sich führende deutsche Politiker z.B. um Obdachlose kümmern, oder wie die Prominenz Geld und vielleicht auch Sachspenden für Notleidende, Opfer, sozial Schwache, o.a., sammelt, dann kriege ich das kotzen. Ist das langsam schon aus Neid, habe ich sonst wie was am Kopf, oder kann man das vielleicht nach alldem was hier los war noch rational nachvollziehen ? Die Sache ist, das ich denen die Nächstenliebe einfach nicht mehr abnehmen kann und nein, ich will nichts geschenkt haben, schon gar nicht von gewissen Heuchlern wie z.B. auch Sensationsgeil-TV. Auf gar keinen Fall !

Aber wenn mir einer nun doch helfen möchte und es ehrlich und von Herzen gut meint, dann wäre es wohl vermessen, diesen Menschen weg zuschicken, oder ? Jagt die Täter, oder gebt mir die Chance, das ich durch einen Job an Geld komme, um dieses Land hier so schnell wie möglich verlassen zu können.

„There must be some kind of way out of here,
Said the joker to the thief,
There's too much confusion, I can't get no relief.
Business men – they drink my wine. Plowmen dig my earth
None of them along the line
Know what any of it is worth. ..."

Aus Bob Dylans: „All along the Watchtower"

6. Eine kleine Opferhilfe (Tipps und Tricks)

Es ist leider ein böser Fakt: Viel kann man wirklich nicht raten, oder sagen. Weil die Hauptsache, also die Täter zu stellen, immer noch so gut wie unmöglich ist. Aber ich werde mal versuchen ein paar wichtige Sachen zusammenzufassen, die Sie unbedingt beachten sollten. Egal, ob Sie Opfer sind, oder Angehöriger (Co-Opfer), oder ein Opfer kennen, dem Sie vielleicht helfen wollen.

1. **Gehen Sie sofort zur Polizei** und erstatten Sie Anzeige (im Zweifel gegen unbekannt). Lassen Sie sich nicht abwimmeln und bestehen Sie darauf, das man Ihre Probleme anhört und aufnimmt. Wer meint, das er diesen Schritt nicht zu gehen braucht, *weil sich das bestimmt bald wieder legen wird*, dem ist auch sonst nicht zu helfen !

2. Notieren und kopieren Sie **alles** was die Täter gegen Sie tun. Legen Sie sich einen **Ordner** an, in dem Sie alles chronologisch sammeln und archivieren. Machen Sie **Screenshots**, oder speichern Sie die Interneteinträge auf denen Sie deformiert werden auf irgendeine Art. Sein Sie pedantisch, aber machen Sie es nicht zur Manie ! Behalten Sie von allem, was Sie bei der Polizei, oder Staatsanwaltschaft abgeben, eine Kopie bei sich.

3. **Melden Sie jede, noch so kleine Begebenheit**, den Ermittlungsbehörden (auch diese Vorgänge immer mit Datum und Uhrzeit notieren und eine Kopie aufbewahren). Notieren Sie auch ggf die Aussagen der Polizei dazu. Jeder noch so kleine Hinweis, könnte eine Hilfe sein, heißt es immer so *schön*.

4. **Tagebuch** führen. Hat nicht nur ermittlungstaktisch einen Vorteil, sondern auch psychotherapeutisch.

5. Suchen Sie sich einen **Rechtsanwalt**, der sich mit **Opferbetreuung** auskennt. Es empfiehlt sich vielleicht gleich einen **Anwalt für Nebenklagen** zu suchen, falls die Täter gestellt werden können. Es ist nicht bindend, das Sie den Rechtsanwalt selber bezahlen müssen. Es gibt

sogenannte **Beratungskostenhilfe** und ggf auch **Prozesskostenhilfe**. Der Anwalt Ihrer Wahl, wird Sie gerne darüber beraten.

6. **Reden Sie** im Bekannten- und Verwandtenkreis über das, was Ihnen widerfährt. Vorsicht bei Kollegen in Betrieben ! Dort erstmal, wenn überhaupt, nur mit absoluten Vertrauenspersonen (Chef, Betriebsrat, ...) sprechen.

7. **Machen Sie nie den Fehler**, das Sie sich zurückziehen und Ihre Freundschaften einstellen. „Raus auf die Straße, Arsch hoch, Zähne auseinander ... " Besinnen Sie sich auf Ihren Ich-Wert und bleiben Sie sich „selbst bewusst" !

8. Schauen Sie, ob Sie eine **Fangschaltung** bei Ihrem Telefonanbieter schalten können / müssen. Kosten dafür sind unterschiedlich, bei mir waren es ca. 70,- € / Monat.

9. Auch wenn ich persönlich alles andere als Glück darin hatte, wenden Sie sich vielleicht auch mal an den „**Weissen Ring**", oder andere **Opferverbände**. In Deutschland bieten zum Beispiel die Ortsverbände der **Arbeiterwohlfahrt, Selbsthilfegruppen und Initiativen** an. Auch **ProFamilia, Charitas** und die **Diakonie** können beratend zur Seite stehen. Lassen Sie sich jedoch nicht entmutigen, wenn Sie auch hier keine befriedigenden Lösungen für Ihre Problematik erhalten können. Durch meine eigenen persönlichen Erfahrungen, halte ich hier in Deutschland einige dieser hilfebietenden Institutionen für „alibihaft". Aber die Menschen sind ja verschieden und vielleicht hat der eine, oder andere doch die bessere Erfahrung damit !

10. Wenden Sie sich an einen **Facharzt, oder Therapeuten**, der Sie durch die Zeit begleitet. Eine objektive Person mit Fachkenntnissen über Traumatisierungen ist immer eine gute Hilfe solche Ausnahmezustände durchzustehen. Ein guter Psychologe kann auch im Rahmen der Victomologie ein „Profiling" unterstützen, falls der Täter unbekannt ist.

11. Ändern Sie Ihre **Telefonnummern, E-Mailadressen** und Ihre

Bankverbindung. Notieren Sie genau wem Sie wann Ihre neuen Daten anvertraut haben. Überlegen Sie sich auch, ob es in Ihrem Fall notwendig sein könnte, diverse Türschlösser auszutauschen. Denken Sie auch in diesem Zusammenhang gerne über ein Postfach und eine sog. Servicetelefonnummer nach (0180, 0800, etc.). Dies ist relativ erschwinglich und kann jederzeit gekündigt werden.

12. **Reduzieren Sie Ihre Internettätigkeiten** soweit es geht auf 0 runter. Keine Profile mehr auf sog „sozialen" Netzwerken. Löschen Sie sämtliches Bildmaterial auf denen Sie abgebildet sind aus dem Internet raus. E-Mailadressen ändern und nur an vertrauenswürdigen Leuten weitergeben. Aufschreiben an wen genau ! PC-Sicherheit überprüfen. Ggf auch Virenscanner und Firewalls installieren. Suchen Sie sich hierfür einen Fachmann des Vertrauens. (siehe auch weiter unten)

13. **Informieren Sie den Provider. Facebook, Amazon, Ebay,** oder je nach dem wo die Störungen gegen Sie laufen. Halten Sie nicht still und melden Sie jede kleine Bewegung !

14. **Bei Telefonterror** wie bereits weiter oben beschrieben, die Nummer wechseln, ansonsten alle Anrufe auf dem AB speichern, notieren (Uhrzeit und Datum nicht vergessen) oder wenn möglich als MP3 abspeichern.

15. Um einem **Trauma** oder einer sog. posttraumatischen Belastungsstörung (PTBS) entgegenzuwirken, empfehle ich Ihnen, machen Sie Sport, spielen Sie Schach und lernen Sie ein Musikinstrument. Sport mobilisiert, Musik ist gut für die kognitiven Denkprozesse die sich ja bei Stress minimieren können und Schach für das strategische Denken :) Ansonsten machen Sie Yoga, Qi-Gong, Ausflüge, verreisen Sie, wenn die Ressourcen es erlauben … aber gönnen Sie sich Entspannung. Wenn es ganz hart wird, ziehen Sie auch in eine andere Gegend.

16. **Verzichten Sie auf Hilfeangebote** aus dem Internet und meiden Sie in diesem Zusammenhang auch Menschen im Netz, die Sie nicht persönlich kennen. Sie wissen leider nie, wer sich dahinter wirklich verbergen kann.

17. **Bleiben Sie Objektiv.** Immer gut sensitiv, aber nicht zu sensibel.

18: Bei **Kindern, Jugendlichen und Schülern** die Schulleitung und die Lehrerschaft informieren. Sein Sie nicht enttäuscht, wenn man hier fachlich inkompetent reagiert (s.o.). Es ist trotzdem wichtig, das diese Einrichtungen Bescheid wissen.

19. **Grundsätzlich sind die Täter zu ignorieren.** Fangen Sie keine Konversation an, gehen Sie nie auf das ein, was Ihnen der Täter „anbietet" und meiden Sie jeglichen Kontakt zu diesem Gesindel !

Seien Sie generell vorsichtig mit Ihren Daten. Denken Sie immer daran, dass das, was Sie ins Netz stellen, nicht mehr löschbar ist. Wer von diesem Grundsatz ausgeht, ist fast schon auf der sicheren Seite. Fast ! Wenn man davon absieht, das man auf der Straße unbemerkt fotografiert werden kann und man dann, mit dieser Fotografie, schon sehr viel Unheil anrichten kann … (Eine gewisse Brille mit Kamera war, oder ist ja in Planung !) Das Ganze geschieht dann, ohne das Sie es vielleicht wissen, weil Sie gar nicht im Internet sind, oder Sie bekommen es viel zu spät mit, wenn das Kind schon in den Brunnen gefallen ist und Sie der Chef zu sich zitiert, weil er keine Angestellten in seinem Betrieb braucht, die sich nackt im Netz zeigen. Das ist mit Fotomontage heute alles möglich. Komisches Gefühl, oder !?! Ich sage Ihnen, es kann jeden Treffen.

Durch einen mir nahe stehenden, jungen Juristen habe ich erfahren, das es auch schon Fälle gab, wo man von Opfern, den E-Mailverkehr, oder sogar SMS- und Telefonverkehr mitgeschnitten hat und dies dann entweder veröffentlicht hat, oder der betreffenden Person wieder zugestellt hat. Nur um zu zeigen, wo die Macht sitzt … Ist das heftig ? Immer wieder muss ich mir die Frage stellen, wie lange wollen die Verantwortlichen hier noch warten ?

Also, wollen Sie da noch tatenlos zusehen ? Das könnte sogar Ihre Kinder treffen, wenn Sie welche haben ! Wer will da noch zu sehen ? Man mag es nicht glauben, es gibt leider noch zu viel Menschen, die das naiv hinnehmen. Ich werde dieses Verhalten natürlich nicht bewerten, aber ich werde nicht zu den Kopfnickern und Ja-Sagern gehören, die Ihr Gesicht nicht zeigen können und sich feige verstecken. Definitiv nicht !

7. Andere Formen von Cybercrime

- Datenphishing, Produktpiraterie, Hehlerei, Identitätsdiebstahl, Ehe- und Beziehungsbetrug, Betrug im Allgemeinen, Kinderpornografie, Menschenhandel, Drogenhandel, Waffenhandel, Volksverhetzung, Neofaschismus, sowie Terrorismus in allen Formen, … u.v.m

Ich kann in diesem Buch leider nicht auf alle Formen dieser Kriminalitätsverschiebung eingehen. Dann würde mein Buch gefühlte 5000 Seiten mehr haben. Ich weiß auch nicht, ob ich im Stande bin, über andere Formen von Cybercrime zu referieren, aber vielleicht kann ich Opfer von diesen Straftaten animieren, ebenso zu schreiben. Es tut gut, wenn man den Müll, den man aufgeladen bekommen hat, wieder abladen und somit auch verarbeiten kann ! Andere Möglichkeiten gibt es ja kaum.

Die Tendenz geht dahin, das sich die gesamte Kriminalität und all Ihre Formen, immer mehr ins Internet verlagert, eben darum, weil man dort nicht nur anonym sein kann, sondern weil dort auch eine Vernetzung der Täter zu idealen Bedingungen stattfindet. Sobald sich das Internet technisch *verbessert*, rutscht immer eine passende Form der Kriminalität nach, oder die Ausführung der Straftat wird entsprechend präziser. Bedenken Sie hierzu immer folgenden Grundsatz: **Da wo Macht gegeben wird, wird Macht auch gelebt**.

Ich möchte hier auch noch mal vor der Kriminalitätsverschleierung warnen. Wer und was ist denn überhaupt noch kriminell. Ist man nur dann kriminell, wenn man gegen Gesetze verstößt, oder kann man auch kriminell sein, wenn man was tut, wogegen es (noch) keine Gesetze gibt. Die Grauzone wird hier immer größer (s.w.o).

Ich würde mich sehr freuen, wenn sich noch mehr Menschen zusammenfinden würden und dafür stehen könnten, damit diese Formen der Kriminalität nicht noch weiter ausufern !

8. Vorratsdatenspeicherung

Dieses Mittel soll wohl nach Angaben der Ermittler, die meinen Fall bearbeitet haben, das einzige sein, was die Fahndung möglich macht ! Ich selber bin da nicht weise genug, um das zu beurteilen, aber ich muss ja nun erstmal glauben, was mir die Ermittler sagen. Warum sollte ich auch daran zweifeln ? Gibt es denn nun noch mehr, oder andere Möglichkeiten ? Ich habe auch Leute getroffen, die mir was anderes gesagt haben. Das sog. „Quick Freeze" (s.w.u.), was immer als Äquivalent gepriesen wurde, hat sich in meinem Fall auch nicht bewährt..

Es gibt ja Menschen in Deutschland, die auf einmal ganz peinlich davon berührt sind und die VDS so scheuen, wie der Teufel das Weihwasser. Ich wundere mich, wer für und wer gegen die VDS ist. Alleine die Argumentationen sprechen für sich. Ich habe den Eindruck, das die Leute, die gegen die VDS sind, zu einem großen Teil die sind, denen es egal ist, was "soziale" Netzwerke & Co mit unseren Daten machen. Jedenfalls höre ich von den Gegnern der VDS, wenn überhaupt, nur sehr wenig Protest gegen diese Unternehmen, … Warum eigentlich ? Einen entscheidenden Anteil der VDS-Gegner scheint auch nicht bewusst zu sein, für was eine VDS noch alles hilfreich sein kann bzw. stelle ich immer wieder fest, wie verblüfft diese Leute schauen, wenn denen bewusst wird, was alles so im Netz geschieht.

Man meint, das bei der VDS unschuldige Menschen verdächtigt werden können ? Klar, kein unbedingt romantischer Moment, aber was ist das schon gegen die Zersetzung eines Menschen, die ja, wie z.B. auch in meinem Fall, über Jahre dauern kann, ohne das man sich wehren kann und bedingt auch nicht wehren darf ? In welchem Verhältnis steht das zu einander ? Ist das mal diskutiert worden ? Was ist das auch gemessen, an den vielen Kindern, an denen abscheuliche Verbrechen durchgeführt werden ? Was ist mit dem Drogen- und Waffenhandel und der Bedrohung durch den internationalen Terrorismus ? Ist es dann noch wirklich wichtiger, das man im Netz anonym seine politische Meinung sagen kann ? Warum ? Erlaubt sei hier auch die Frage, warum ich dabei überhaupt anonym sein muss ? Ich habe doch ein Gesicht, oder nicht ? Warum kann ich das nicht zeigen ? Oder geht es im Zweifel nur darum, das man sich heimlich MP3 (Lieddateien), oder z.B. auch Filme downloaden kann, ohne das man dabei urheberrechtlich belangt werden kann ? Ich habe nichts zu verbergen und meinetwegen können meine Daten gerne von einer Behörde gespeichert werden, wenn es um die Sicherheit von Menschen und vorallem um die Sicherheit von Kindern und Jugendlichen geht. Ich weiß nicht, aber ich denke manchmal, das die Gegner der VDS keinen Plan davon haben, wie es ist, wenn man Opfer von Cyberattacken ist. Ich halte in jedem Fall die angstschürende Floskel „Generalverdacht" für völlig überzogen und wenn ich mir überlege, was sonst alles zu diesem Thema aus der politisch linken Ecke kommt, ist es mir schon fast peinlich selbst ein links denkender Mensch zu sein. Was ist die Angst vor einem „Generalverdacht" im Gegensatz zu 4 Jahre lang Morddrohungen ? Ich kann mich noch gut daran erinnern, als man Anfang der 80er Jahre eine Volkszählung in Deutschland verhindert hat. Egal, ob die nun dienlich war, oder nicht, aber wie steht das im Vergleich dazu, das ein hoher Teil der Bevölkerung, seine Intimitäten in „sozialen" Netzwerken & Co förmlich anbiedert ?

Dazu kommt noch eine ganz andere Komponente. Wir leben im Krieg, ohne das es uns bewusst wird. Die Islamische Welt hast uns. Teilweise vielleicht sogar zurecht, aber darüber möchte ich mich hier nicht auslassen. Nach Aussagen des Innenministeriums, sind auch bei uns Anschläge möglich. Was war mit „Charlie Hebdo" in Frankreich ? Ja, die VDS hätte es vielleicht nicht verhindert. Aber wenn man richtig mit ihr umgegangen wäre, hätten wir jetzt wenigstens schöne und viele Hinweise auf Hintermänner, oder sogar noch auf weitere Anschläge. Was war mit der NSU-Terrorzelle bei uns in Deutschland ? Was da schon, durch die fehlende VDS alles versaut wurde und wie wir heute um einiges reicher wären, wenn wir die VDS gehabt hätten, ist unermesslich. Was geht gerade in der Ukraine vor und was will Herr Putin ? Die sog. Cyberkrimminellen sind bereits schon in der Lage ganze Infrastrukturen anzugreifen und lahm zu legen. Auch so ein Thema, wo es vielleicht besser wäre noch mal so über die eine oder andere Sicherheitsmaßnahme im Netz nachzudenken, oder ? Wenn wir nicht im Stande seien sollten, ein paar Psychopathen ausfindig zu machen, die es auf Menschenleben abgesehen haben, wie ist es dann mit allen anderen Bedrohungen, die im Netz, auf Kosten unser aller Sicherheit, stattfinden ?

Zu allem Übel wird nun noch darüber diskutiert und gestritten, ob man die Verantwortung für die sog. Hotspots *) frei gibt. Das würde heißen, das überhaupt nicht mehr kontrollierbar ist, wo was im Netz herkommt und wer was uploaded, oder downloaded, oder sonst was noch tut. Klasse, wenn wir dann eine VDS einführen würden, wäre das sowas von egal, weil es uns dann eh nichts mehr bringen würde. Ich hoffe, auf die Intelligenz der Verantwortlichen und das es hier keine weiteren anarchistischen Strukturen geben wird.

Sollten wir jemals das Internet weitgehend von Straftaten frei halten können, bleibt immer noch die Frage, was mit dem sog. „Darknet" passieren muss. Können wir das jemals wieder unter Kontrolle bekommen ? Wenn ja, was wird denn getan ? In wie weit gehen denn schon Ermittler dagegen vor und was tut man speziell in Deutschland dagegen ?

Sicher soll sich jeder sein eigenes Bild machen und sich dann entscheiden, ob er für, oder gegen die VDS ist. Ich habe mein Entschluss gefasst und es bedarf einiges, um das wieder zu kippen.

Heute, am 15. April 2015 tritt ein Bundesminister vor die Presse und erklärt einen Gesetzesentwurf über eine neue Vorratsdatenspeicherung. Toll ! In einem Kommentar heißt es „E-Mailverkehr ist ausgenommen, …" Ich lach mich tot ! Entschuldigung, aber was soll das denn nun bringen ? Dann wird sich die ganze Kriminalität in Zukunft über E-Mail austauschen. Bitteschön :)

) Hotspots = öffentliche Internetzugänge, die man dann ohne Personalisierung nutzen kann.

(Auf den Folgeseiten, das Antwortschreiben der Justizministerin. Auch wenn sachlich und freundlich geantwortet wurde, muss ich jedoch feststellen, das es kein Wort über „die Opferhilfe" gab, in dem die Dame doch im Vorstand war, oder sogar immer noch ist. Es zeigt sich auch immer mehr wie realitätsfern, die Haltung zur Vorratsdatenspeicherung ist. In meinem Fall hat dieses „Quick-Freeze" bislang keinen Erfolg gehabt.)

Cybermobbing - Ein Opfer klagt an ...

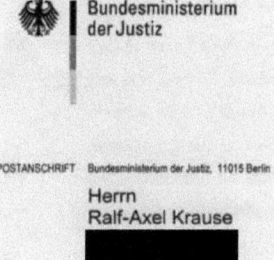

POSTANSCHRIFT Bundesministerium der Justiz, 11015 Berlin

Herrn
Ralf-Axel Krause

HAUSANSCHRIFT Mohrenstraße 37, 10117 Berlin
POSTANSCHRIFT 11015 Berlin

BEARBEITET VON
REFERAT R B 3
TEL
E-MAIL
AKTENZEICHEN R B 3 zu 4104 / 15 II – R 5 360/2012

DATUM Berlin, 05. Juni 2012

Sehr geehrte Frau ███████, geehrter Herr Krause,

vielen Dank für Ihr Schreiben vom 10. Mai 2012 an Frau Bundesministerin der Justiz Leutheusser-Schnarrenberger, in dem Sie unter Bezug auf mehrere Straftaten, die im Internet zu Ihrem Nachteil begangen wurden und werden, insbesondere darum bitten, die hiesige Position zur Vorratsdatenspeicherung zu überdenken oder zumindest ein Äquivalent zu schaffen.

Dass Sie durch die von Ihnen geschilderten Straftaten physisch und psychisch nachhaltig beeinträchtigt wurden und werden und auch erhebliche finanzielle Nachteile erleiden, bedauere ich außerordentlich.

Auch kann ich gut nachvollziehen, dass Sie sich in dieser für Sie sehr belastenden Situation hilfesuchend an das Bundesministerium der Justiz gewandt haben.

Um Straftaten der geschilderten Art besser aufklären zu können, hat das Bundesministerium der Justiz bereits im Juni des vergangenen Jahres den Entwurf für ein Gesetz zur Sicherung vorhandener Verkehrsdaten und Gewährleistung von Bestandsdatenauskünften im Internet vorgelegt. Dieser sieht mit dem sogenannten „Quick-Freeze"-Verfahren eine grundrechtsschonende Alternative zur Vorratsdatenspeicherung vor. Er verzichtet auf die anlasslose Speicherung der Telekommunikationsverkehrsdaten aller Bürgerinnen und Bürger, trägt aber zugleich berechtigten Ermittlungsinteressen Rechnung.

[13] Der Entwurf sieht im Wesentlichen eine anlassbezogene Sicherung von Verkehrsdaten vor, die von den Telekommunikationsunternehmen aus geschäftlichen Gründen bereits gespeichert wurden ("Quick-freeze"). Voraussetzung für die Zulässigkeit einer solchen Sicherungsanordnung ist, dass zureichende tatsächliche Anhaltspunkte für das Vorliegen einer Straftat bestehen und die Sicherung der Daten für die Erforschung des Sachverhalts oder die Ermittlung des Aufenthalts eines Beschuldigten erforderlich ist.

Darüber hinaus soll zur Gewährleistung von Bestandsdatenauskünften im Bereich von Internetzugangsdiensten eine eng befristete Speicherung von Verkehrsdaten vorgesehen werden.

Diese eng befristete Speicherung soll gerade dazu dienen, Fälle wie die von Ihnen geschilderten aufzuklären. Mit dieser Speicherverpflichtung von Internetzugangsdaten nämlich soll verhindert werden, dass die Telekommunikationsunternehmen Internetzugangsdaten überhaupt nicht oder nur ganz kurz speichern. Damit wird es den Strafverfolgungsbehörden ermöglicht, eine Bestandsdatenauskunft einzuholen, um so möglicherweise die Identität des oder der Täter aufzuklären.

Für weitere Einzelheiten darf ich auf das dem Gesetzentwurf zugrunde liegende Eckpunktepapier verweisen, das über die Webseite des Bundesministeriums der Justiz abrufbar ist (www.bmj.de).

Was die Entfernung bestimmter Seiten aus der Suchmaschine Google anbelangt, wäre ein Beseitigungs- und Unterlassungsanspruch zu prüfen.

Der Schutz des allgemeinen Persönlichkeitsrechts gilt auch im Internet. Er folgt aus § 823 Absatz 1 Bürgerliches Gesetzbuch (BGB). Das allgemeine Persönlichkeitsrecht umfasst das Recht des Einzelnen auf Achtung seiner personalen und sozialen Identität sowie der Entfaltung seiner Persönlichkeit und ist als „sonstiges Recht" im Sinne des § 823 Absatz 1 BGB anerkannt. Der Schutz bezieht sich auf die Persönlichkeit in all ihren Ausprägungen, z. B. Erscheinung, persönliche Daten und deren Darstellung nach außen. Wird in diesen Schutzbereich rechtswidrig eingegriffen, kann der Verletzte Unterlassung des verletzenden Tuns, und, sofern der Verletzer schuldhaft gehandelt hat, auch Schadensersatz verlangen.

Ferner existieren auch Schutzgesetze im Sinne des § 823 Absatz 2 BGB. Dies sind Vorschriften, die den Schutz eines anderen bezwecken. Sofern gegen ein solches Schutzgesetz, z. B. gegen das Verbot der Beleidigung, verstoßen wird, besteht ein Unterlassungs- und Schadensersatzanspruch aus § 823 Absatz 2 BGB in Verbindung mit dem entsprechenden Schutzgesetz.

Anspruchsgegner ist zunächst der Verletzer selbst. Im Einzelfall können nach den Grundsätzen der Störerhaftung aber auch gegen denjenigen Unterlassungsansprüche bestehen, der selbst nicht Täter ist. Hier kommt es jedoch auf den Einzelfall an. Jedenfalls scheidet eine Störerhaftung von Plattformbetreibern wie beispielsweise Facebook nach einer Entscheidung des Bundesgerichtshofs (BGH) aus, wenn es einem Foto nicht anzusehen ist, ob es unberechtigt aufgenommen worden ist oder nicht. Zur Haftung eines Hosters für Blogbeiträge hat der BGH entschieden, dass ein Tätigwerden des Hostproviders überhaupt nur dann veranlasst sein kann, wenn der Rechtsverstoß auf der Grundlage der Behauptungen des Betroffenen unschwer – das heißt ohne eingehende rechtliche und tatsächliche Überprüfung – bejaht werden kann.

Im Hinblick auf die Verfolgung etwaiger Ansprüche gegen Google oder die Betreiber anderer Suchmaschinen empfehle ich Ihnen, sich mit einem Rechtsanwalt zu beraten.

Soweit Sie darüber hinaus beklagen, dass die Staatsanwaltschaft Kiel die Ermittlungsverfahren auch mit der Begründung eingestellt habe, dass die Angelegenheit insgesamt nicht mehr als ein „Nachbarschaftsstreit" sei und dort kein Interesse bestehe, „diesen Fall zu bearbeiten", kann das Bundesministerium der Justiz nicht tätig werden. Die Aufklärung und Verfolgung von Straftaten nach Maßgabe des für alle Bürger in gleicher Weise geltenden Rechts ist vielmehr Aufgabe der Justizbehörden der Länder. Das für den Bund tätige Bundesministerium der Justiz beschäftigt sich dagegen im Wesentlichen mit Fragen der Gesetzgebung und den damit zusammenhängenden Fragen. Dem Bundesministerium der Justiz stehen gegenüber den zuständigen Landesbehörden weder Aufsichts- noch Weisungsbefugnisse zu. Das gilt auch für die Frage der Dienstaufsicht über die bei diesen Behörden Tätigen. Die von Ihnen vorgetragenen Angelegenheiten können nur durch die zuständigen Justizbehörden und Gerichte der betroffenen Bundesländer geprüft werden. Dabei üben die Aufsichts- und Weisungsbefugnisse über die Staatsanwaltschaften die Justizministerien der jeweiligen Bundesländer als oberste Aufsichtsbehörden aus.

Haben Sie bitte Verständnis dafür, dass ich mich auf diese allgemeinen Hinweise beschränken muss. Dem Bundesministerium der Justiz ist es versagt, Rechtsauskünfte oder eine Rechtsberatung zu erteilen. Dies ist ausschließlich den Angehörigen der rechtsberatenden Berufe, insbesondere Rechtsanwälten vorbehalten.

Mit freundlichen Grüßen
Im Auftrag

9. Finger weg von (a)sozialen Netzwerken

Ich rate generell von sämtlichen sog. „sozialen" Netzwerken ab. Jeder Kommunikationswissenschaflter, oder Psychologe, kennt die Langzeitfolgen und weiß auch, wie da was funktioniert. Diese Foren können keine Menschen zusammenbringen, im Gegenteil. Alleine durch Mangelkommunikation in den Unterhaltungen an sich und die dadurch resultierende Auflösung des Kommunikationsbewusstseins, werden Beziehungen nicht gefördert, sondern verödet. Beziehungen die über das Internet geschlossen werden, haben i.d.R. eine Haltbarkeit von 3-5 Jahren, enden zu einem großen Teil im Chaos und die Biografien lesen sich nicht gerade wie die Liebesromane der Frau Pilcher. Wer etwas anderes behauptet lügt, oder versteht von der dieser Materie nichts. (*Zitat von Dr. Dr. M. Spitzer: „... Medienpädagogen sagen natürlich was anderes, aber das müssen die auch, weil die damit Geld verdienen ..."*)

Ich habe mich ja selber mal relativ lange bei "soziale" Netzwerke & Co rumgetrieben. Wenn ich heute zurückblicke, in welches Loch ich da gefallen bin, kann ich nur noch mit dem Kopf schütteln und mich fragen, wie ich denn so dämlich sein konnte und mir da einen Account anlegen musste. Ganz klare Antwort: Um mich zu profilieren ! Mehr nicht. Was hat es mir jedoch gebracht ? Nichts ! Ich war nun ca. 5 Jahre dort relativ oft aktiv gewesen, aber ich habe über diese Netzwerke nicht einen Geschäftskontakt schließen können, oder irgendeinen Kunden gewonnen. Ehrlich gesagt, habe ich da drinnen überhaupt nichts gewonnen. Von meinen Kontakten habe ich keine über das Internet kennengelernt und Kunden habe ich nur durch Mundpropaganda bekommen. Gut, ich habe später das dort erlebte zusammengefasst, um es in einer wissenschaftlichen Arbeit aufnehmen können, die ich vielleicht auch noch mal veröffentlichen könnte, aber das war es dann auch erstmal.

Als das Cybermobbing bei mir los ging, hat mir die Polizei irgendwann geraten, mich bei den sozialen Netzwerken, abzumelden. Das war ohne Frage ein notwendiger und logischer Schritt, aber es ging nicht sofort. Hätte ich es unbemerkt lassen sollen, wie hinter meinem Rücken meine Existenz kaputt gemacht werden sollte ? Ich musste in diesem Fall auch Kontakt zu meinen Schülern halten und schauen, was dort über mich geschrieben wurde. Also stand ich hier schon in einer

Form der Abhängigkeit und diese Form der Beziehung, sollte jeder Nutzer mal genau bei sich selbst und gg. auch bei anderen im Auge haben, sofern er dann überhaupt noch objektiv sein kann. Auch über das Abmeldeverfahren bei "sozialen" Netzwerken & Co gibt es mittlerweile ganze Bücher. Nur mal als Gedankenstütze: Hat irgendjemand mal die AGB`s von "sozialen" Netzwerken & Co gelesen, als er sich dort angemeldet hat, oder kennt jemand einen, der das wirklich gemacht hat ? Tun Sie es mal im Nachhinein ... Sie werden staunen ! Die "sozialen Netzwerke & Co" haben in meinem Fall nur zugesehen und mit den Schultern gezuckt. Nicht einmal die deutschen Ermittlungsbehörden (Polizei) hat irgendeine Form von sachdienlicher Hilfe, oder Hinweise von diesen „Vereinen" bekommen. Super, oder !?! Was mich aber wirklich bei den "sozialen" Netzwerken & Co. raus getrieben hat, ist die aufgrund der Mangelkommunikation entstehende moralische Entgleisung der Personen, die dort Ihre *„Meinungen und Standpunkte frei sagen dürfen"* und streckenweise in sehr grenzwertiger Form zum besten geben. Das Freiheit auch was mit Respekt und Verantwortung zu tun haben kann, haben gewisse Menschen, insbesondere die, die diese Freiheit als Grundrechtsmakulatur gebrauchen, wohl noch lange nicht verstanden. Nein, das sind nicht alles grenzdebile Bauern, oder pubertierende Menschen. Da sind auch Hochschullehrer, Politiker aus der Kreis- und Landesebene, Akademiker wie Juristen, Ärzte und so weiter. Niveau ? Wenn man sich hinter einer „Firewall" und über „TOR4" verstecken und verschleiern kann, dann wird die Sau raus gelassen und man verwandelt sich von Dr. Jekyll zu Mr. Hyde (und umgekehrt). Aus einem kleinen unscheinbaren Spießbürger wird ein grausames Monster. Ich habe Menschen persönlich gekannt, die in der Kommunalpolitik tätig sind und auch sonst, einen sehr sympathischen und intrigieren Eindruck auf mich gemacht haben. Mit einem habe ich sogar sehr gerne Musik gemacht. Auf "soziale" Netzwerke & Co haben diese Menschen dann z.B. einen islamophobisch, rechtslastigen Politschrott abgelassen, das ich mich allein schon aus Gründen der Psychohygene von denen zurückgezogen und letztlich auch abgegrenzt habe. Ich sah aber auch Lehrer, die grenzwertig an Ihren (Ex-) Schülerinnen herum kokettiert haben und viele andere Verwerflichkeiten. Es gibt also auch Monster hinter diesen Firewalls, die sich als harmlos und nett verkaufen, um dann Beute reißen zu können. Davon mal abgesehen, muss ich nicht wissen, welcher Gehirnanwärter wann auf`s Örtchen geht und wer was, wann, wo und wie am neusten Kommerzschrott herumfingert und sich dabei irgendeine Chemiepampe in den Hals schiebt. Äußerst delikat fand ich auch folgende Entdeckung: Jede TV-Sendung, oder auch der dazugehörige TV-

Sender, der z.B. etwas über „Frotzenbug-Mörder" u.ä. berichtet und Jugendliche vor Cyberattacken warnen will, hat einen sog. „Like-Button" auf seiner Homepage, oder verweist genau auf die Foren, die gerade noch in einen der Berichte für gefährlich eingestuft wurde. Wollen wir mal psychologisch analysieren was diese Zwiespältigkeit bringen soll ? Lieber nicht, oder ? Ich meine aber auch anderseits zu bemerken, das es immer mehr Medien gibt, die z.B. "soziale" Netzwerke & Co nachhaltig empfehlen und dazu auch Kritik an "soziale" Netzwerke & Co deutlich ablehnen. Es wird sogar immer wieder zu "soziale" Netzwerke & Co gelockt, in dem man anregt bei verschiedenen Themen mit zu diskutieren, oder z.B. auch Bilder für einen Fotowettbewerb zu posten. Was für eine billige Lockvogelnummer. Schon vergessen, wem dann die Rechte an den Bildern gehören ? Was ist das und was macht diese Menschen so zu Lemminge, die sich in so einen Wahnsinn von Verdummung und Kontrolle stürzen müssen ? Zeigen die Menschen da Ihr sog. „wahres Gesicht", oder verwandeln Sie sich zu etwas, was sie sonst nie geworden wären, wenn es diese Netzwerke nicht gegeben hätte ? Was da passiert, kann auf keinen Fall gesund sein und ich weiß nicht, ob wir das unbedingt für das fortbestehen der menschlichen Rasse brauchen. Ich hoffe, das es irgendwann nur noch ein zusammengefallener Haufen ist und sich die Intelligenz von so einem Konstrukt deutlich differenziert.

Jetzt fragen sich auch sicher einige unter Ihnen, warum über und von mir noch so viel bei "soziale" Netzwerke & Co ist ? Dafür gibt es viele ganz glasklare Argumente. Unter anderen habe ich es von einem Verlag zu Reklamezwecken empfohlen bekommen. Der Account, über den die Reklame meiner Bücher geführt werden, ist ein Synonym*). Ich sehe zwar bis jetzt auch überhaupt keinen wirtschaftlichen Vorteil darin, aber ich lasse es mal so stehen. In mindestens 2 von meinen Büchern geht es schließlich auch um „soziale" Netzwerke und deren Auswirkungen. Also wo erreicht man sonst die Zielgruppe dieses Kernthemas. Es haben sich auch Freunde und teilweise wildfremde Leute zusammengefunden, die eine Gruppe und eine Seite auf "soziale" Netzwerke & Co erstellt haben, die sich mit meiner Problematik auseinandersetzt. Dafür auch an dieser Stelle meinen tiefsten Dank und Respekt. Eins ist aber sicher, ich bin nicht aus der Überzeugung da drin, das an diesen „sozialen" Netzwerken grundsätzlich etwas positives ist und schon gar nicht um mit anderen Menschen zu kommunizieren. Das funktioniert, zumindest bei mir, anders. Glauben Sie mir in diesem Falle aber eins: Ich bin in einem Zwiespalt und ich fühle mich dabei auch nicht unbedingt gut !

Fragen wir uns doch mal, für was das ganze „Gedöns" förderlich sein soll ? Meinen Sie denn wirklich, das ein "soziales" Netzwerk geschaffen wurde, um Menschen zusammenzubringen ? Sowas geht, wie weiter oben beschrieben, gar nicht ! Wer es nicht glaubt, oder nicht wahrhaben will, es gibt u.a. Studien darüber, wie das Kommunikationsverhalten, gerade bei Kindern und Jugendlichen, durch diese „sozialen" Netzwerke irreparabel defizitär und krank wird (*Digitale Demenz, Dr. Dr. M. Spitzer [Groß bei Facebook, kleines Gehirn]*). Aus der Kommunikationspsychologie wissen wir auch, das Mangelkommunikation der häufigste Grund für Krieg ist (*Schulz v. Thun [Miteinander Reden ff.]*). Diesen psychophysikalischen Grundsatz wird wohl jeder schon mal bemerkt haben, der versucht hat, über das Internet z.B. einen Konflikt zu klären. Was auch immer die Leitung von „soziale" Netzwerke & Co da vor hat – ich werde mich vor etwaigen falschen Anschuldigungen schwer drücken – ausspionieren konnten die uns schon mal gut (*s.a. Prof. Dr. Harald Welzer, Autonomie, eine Verteidigung*). Warum hat man denn für eine Milliardensumme einen Handymessenger gekauft ? Weil man die Kunden wieder haben wollte, die er durch diesen Messenger bei seinem *Unternehmen* verloren hat. Alle wissen das und alle spielen mit. Jeder wundert sich über die grenzwertig hohe Summe des Kaufwertes, aber nur wenige denken darüber nach, was dahinter steckt. Lemminge ? Ja und ich bin auch einer. Also, warum braucht man denn unsere Daten ? Für Werbung ? Ist das alles ? Gewiss nicht, denn selbst Geheimdienste profitierten schon davon. Die Stasi der DDR war auch so ein Geheimdienst und hat alles gesammelt. Damals zwar auf ganz andere Art und Weise, aber warum ? Das Ziel war doch das selbe wie heute, oder ? Was auch immer. Die Antwort kann sich jeder selber geben … Ich habe meine !

Nun, nachdem Sie mein Buch gelesen haben, werden Sie vorsichtiger sein mit dem was Sie im Netz machen ? Werden Sie z.B. auch mehr auf Ihre Kinder aufpassen ? Tun Sie es bitte, denn keiner kann sagen, wie weit sich diese Straftaten noch entwickeln werden und in wie weit wir davor geschützt sein können. Wie werden Sie künftig mit dem Internet umgehen, was sich in unser aller Leben unumkehrbar eingeschlichen hat und alles verändert hat ?

*) Wissen Sie eigentlich wie unsinnig es ist, sich bei "soziale" Netzwerke & Co ein Synonym anzulegen ? Die „Agenten", die für "soziale" Netzwerke & Co tätig sind, wissen in wenigen Sekunden mehr über Sie, wie Sie selbst !

10. Wieso, weshalb, warum ?

Im Laufe der letzten 4 Jahre, also seitdem wir mit dieser Straftat zu tun haben, frage ich mich immer wieder, warum nichts passiert und warum man, aus der Sicht eines Opfers, so lässi-fair mit diesem Konstrukt Cybercrime umgeht. Ich kriege keine befriedigende Antwort und immer wieder quält mich ein Gedanke:

In der NS-Diktatur hat man sog. „unwertes Leben" im Zweifel vergast. In der DDR war es dann die „Zersetzung von Personen", die man auf unbequeme, oder dem Staat nicht dienliche Menschen, durch die StaSi, angewendet hat. Es sind erschreckender Weise, beides deutsche Konstrukte gewesen. „Made in Germany" sozusagen. Dies waren dann aber offensive Taten bei denen jedem irgendwie klar war, das es sowas gibt und das man es im Zweifelsfalle auch an eigener Haut hätte spüren können. Es ist nicht ironisch gemeint, wenn ich sage, dass das wenigstens noch was von Ehrlichkeit hatte, denn nun bedient man sich, natürlich nur rein hypothetisch, eines *besseren*. Vielleicht, hat man ja - frei nach Monty Python - gelernt „nicht gesehen zu werden" ? Vielleicht deshalb, damit keiner zur Verantwortung gezogen werden kann, falls auch diese Staatsform in Deutschland mal wieder an die Wand gefahren wird und man die Verantwortlichen, für die dann plötzlich bemerkten, menschlichen Verwerflichkeiten, zur Konsequenz ziehen möchte ? Die Sache könnte somit relativ einfach sein: Stellen Sie sich vor, man lässt Straftaten durch eine ganz perfide Form der „Unterlassung" zu. Perfekter könnte es doch gar nicht sein, oder ? Also, entweder werden Straftaten in den Strafgesetzen überhaupt nicht benannt, oder der Weg einen Täter zu stellen, wird so kompliziert gemacht, das es kaum noch möglich ist, eine Straftat zu verfolgen. Somit kann man sich in dem Fall dann schön aus der Affäre ziehen, da man ja damit einerseits gewissen kriminellen Subjekten freie Bahn gibt, die dann die Drecksarbeit machen und diese sich ja im Zweifelsfall nicht mal im strafbaren Rahmen bewegen würden, wenn unschuldige Menschen darin zu Schaden kommen. Anderseits könnte man sich dann immer darauf ausruhen, in dem man sagt: „Ja, wir haben doch Gesetze, ... wir müssen sie nur anwenden". Die Täter wiederum würden dann Straftaten begehen, die quasi gar keine sind, oder welche, bei denen sie sich ziemlich sicher sein können, das sie nicht geschnappt werden (*vergl. Harald Welzer – Täter, wie aus ganz normalen Menschen Massenmörder werden).*

Es gab im Fall von Cybercrime – und dazu zählt bekannter Weise nicht nur Cybermobbing - nach dem Wegfall der sog. Vorratsdatenspeicherung, kaum noch eine Möglichkeit, gegen diese Straftaten tätig zu werden und die Täter zu stellen. Wie ein Ermittler aus NRW einmal im deutschen Fernsehen meinte: „Alleine die Kinderpornografie konnte zu 85 % nicht mehr aufgeklärt werden". Ich füge hinzu, das diese Zahl wohl noch sehr charmant gering gehalten ist. Die pervertierten Straftäter hatten quasi freies Schussfeld, gebilligt durch unsere Politik und insbesondere in der Legislatur mit der schwarz-gelben Regierung. Eine Regierung hat sein Volk nun mal zu schützen, vor Angriffen von außen, wie auch im Inneren und dies nicht dem Zufall, oder der „Selbstklärung" zu überlassen.

In der Zeit wo ich diese Zeilen schreibe, haben wir sogar ein aktuelles Beispiel aus der Politik, in dem ein Bundestagsabgeordneter wegen kinderpornografischen Materials vor Gericht stand und man zugestehen musste, das der Inhalt dieses Materials teilweise „nicht justizierbar" gewesen war. Ja, solche Formulierungen könnte man auch dann anwenden, wenn „Straftaten" keine sein sollen !

„Die Bürger werden eines Tages nicht nur die Worte und Taten der Politiker zu bereuen haben, sondern auch das furchtbare Schweigen der Mehrheit."
Zitat: Berthold Brecht.

Ich möchte hier auch einmal die Chance nutzen und die These aufstellen, ob sich ein Staat nicht auch – in welcher Form auch immer - durch Unterlassung schuldig machen kann, wenn er über Straftaten wie z.B. Cybercrime hinweg sieht, oder in welcher Form auch immer, untätig bleibt. Nun hat man mit Wirkung vom 01.07.2013 die sog. Bestandsdatenreglung (§ 100j StPO s.w.u.) eingeführt und ja, es ist schon sehr viel, wenn man überlegt was vorher los war. Aber ist das definitiv der Weisheit letzter Schluss ?

Was das Cybermobbing betrifft, muss ich hier folgendes feststellen: Man hat Beleidigungen, Verleumdungen und üble Nachrede (§ 185 ff. StGB) als Bagatellen abgetan. Kaum ein Staatsanwalt in Deutschland wird diese Straftaten noch verfolgen, wenn man nicht vorher eine Prozedere mit Schiedsgerichten durchlaufen ist, die für das Opfer eine Tortur sein können und für den Täter nicht unbedingt bindend sein müssen, sodass dieser sein Spiel theoretisch „bis zur Zersetzung des Opfers" einfach fortführen kann. Auch eine sog. einstweilige Verfügung gegen einen Täter ist zivilrechtlich nicht mehr so einfach zu bekommen. Somit hat sich für diese Verwerflichkeiten nicht wirklich großartig was geändert.

Diese Bestandsdatenreglung hatte, mit Verlaub, in meinem Fall lediglich einen Makulaturwert.

Was bedeutet das für unsere „Gesell"schaft ? Hier könnten theoretisch ganze Existenzen kaputt denunziert werden, ohne das Jemand dagegen etwas tun kann und ohne das Jemand dafür zur Verantwortung gezogen werden kann. Weder die Täter, noch die Ermittlungsbehörden, die ja dann formaljuristisch korrekt gehandelt haben, wenn Sie die Fälle „*ad acta*" legen, weil sich die Täter perfekt verdunkeln können. Vergleich: Ich selber hatte in meinem Fall u.a. einen Schaden von über 100.000,- € zu verwalten und nach einer Erfassung der ARAG-Versicherung liegt der wirtschaftliche Schaden in Unternehmen bei 3 Milliarden € / Jahr ! Durch diese widerlichen Straftaten schließe ich – natürlich insbesondere durch meine subjektiven Erfahrungen - mindestens auf einen hohen Krankenstand und eine weitläufige Desozialisierung, Kriminalisierung bis letztlich zur Verrohung und Verarmung, wenn man nicht endlich aktiv wird und den Opfern adäquat hilft, in dem man vorallem aber die Täter stellt. Ich meine, wer kann sich schon einen Privatdetektiven leisten, wenn die Staatsanwaltschaft die Ermittlungen nicht mehr weiterführen möchte, oder ggf. auch nicht mehr weiterführen kann ? Wohin mit der Wut, der Angst und der Trauer, wenn man dann alleine ist ? Was wäre das auch für eine asoziale Form, wenn man von Opfern verlangt, für die Ermittlung einer Straftat Geld zu investieren ? Dafür hat der Staat kompromislos da zu sein. Mit allen Mitteln.

Fazit: Irgendwann wird das Opfer so kaputt und krank durch diese Angriffe, das es bis zum Suizid geht (*siehe z.B.* **Amanda Todd** *[15] † aus den USA oder* **Joel Horn** *[13] † aus Österreich*) ! Hat man die Täter ? Soweit ich weiß nicht, … und diese Opfer waren Kinder.

Nun müssen wir uns die Frage stellen, warum ein Staat, oder eine Regierung so etwas billigen sollte ? Die Antwort ist fatal wie einfach: Weil wir zu viele sind. Zu viele Menschen müssen z.B. mit zu wenig Arbeit und zu wenig Wohnraum versorgt werden und, können wir das noch ? Was ist mit den Rentenkassen ? Krankenversorgung ? Schulgelder und Bildungsinvestitionen ? Warum werden z.B. Auswanderer im deutschen Fernsehen als Helden gefeiert ? Auch im sozialen Gefüge spiegelt sich diese Misere schon alleine darin wieder, das es immer weniger Zusammenhalt gibt - wenn es sowas in Deutschland überhaupt schon mal gegeben hat, außer bei den Nazis und beim Fußball. Hier merkt man deutlich, das zu viele Tiere aus einem viel zu kleinen Napf fressen müssen und das holt die Wölfe auf den Plan. Schauen Sie sich die „Pegida-Show" an. „Selber Schuld", … die Geister die ich rief ! Das ist die Ernte davon, wenn man sein Volk verdummen und verarmen lässt. In meinem Fall ist es so, das ich Frührentner bin und dem Staat einfach Geld koste. Durch die Berechnung von Hartz-4 ist man ja schon ziemlich gedemütigt und beschnitten. Es ist offiziell, das der Regelsatz ca 200.- € zu wenig enthält und zu was das schon alleine im sozialen Zusammenhang geführt hat, möchte ich vielleicht hier noch offen lassen. Vielleicht sollte man doch mal über eine großflächige Studie zum Thema Regelsatz und Warenkorb nachdenken, oder vielleicht Statistiken erfassen ? Aber wozu ? Nachher kommen wieder welche, die das ändern wollen und das tut ja bekanntlich weh im Kopf. Ich meine natürlich solche Studien und Statistiken, die dann auch öffentlich sind und so aufgestellt sind, das sie jeden erreichen. Tja, ich habe nun „keine verwertbaren Reste von Leistungsvermögen …" So ist es tatsächlich in meinem Rentenbescheid formuliert. Also was bin ich einer „Gesell"schaft noch wert, die einen Wert darin misst, was, wer für einen Arbeitsvertrag hat ? Dann will ich auch noch mein Schäfchen ins Trockene kriegen und was vom Kuchen ab haben. Damit bin ich nicht einer der beliebtesten Menschen in dieser sog. „Gesell"schaft. Bitte, keine durch Blauäugigkeit begründeten Wutanfälle, es ist ja erst mal „nur" eine Hypothese und es ist immerhin in Deutschland nicht das erste mal vorgekommen (s.w.u.).

Wir haben eine Demokratie ? So so ! Na nehmen wir das mal so an. Ist das der Grund warum hier nichts schief laufen kann ? Gut, dann möchte ich mal ganz vorsichtig an den Umgang mit den Nazi-Juristen nach `45 erinnern und im Vergleich dazu auf den Umgang mit den Hinterbliebenen der Widerstandskämpfer wie z.B. Staufenberg, Hofacker, u.v.m. hinweisen. Das war meines Erachtens suggestiv für unsere „Gesell"schaft. Schauen Sie z.B. auch auf den Anschlag der Synagoge von Köln im Jahre 1959 und die Reaktion von Herrn Adenauer auf den Umgang mit den Tätern. Da der braune Geist auch nach 1945 weitergelebt hat und sich in den 50ern perfide und nachhaltig manifestieren konnte, wundere ich mich dann auch nicht mehr, wie es zu Stande kommt, das es zum Beispiel auch Fälle gibt wie:

- Gustl Mollath, Clinton de Klerk, Andreas Darsow, Kim Jung, Ulvi Kulac, Norbert Kuß, Harry Wörz, Klaus Pengel, Horst Arnold, Frederike von Möhlmann, Anthonya Schandorff.
- Die Enteignung und Hinrichtung von C.F.W. Borgward,
- Das Oktoberfestattentat von 1980,
- Das Versagen bei den Ermittlungen gegen die „NSU"-Gruppe,
- u.v.a., ...

Was, kennen Sie nicht ? Na dann lesen Sie mal diese Geschichten selber, ohne das ich hier weitere Kommentare zu abgebe und bilden sich dann Ihr eigenes Urteil. Nein, Sie werden nicht feststellen können, das dies nur bedauerliche Einzelfälle sind. Leider ! Ach, sehe ich da Menschen die das gar nicht wissen wollen ? Na dann, Augen zu und durch ... Gute Reise !

Ich möchte gerne wissen:

- Warum konnten in meinem Fall die Ermittlungen nicht auf einer anderen Art weitergeführt werden ? Technisch wäre es nie ein Problem gewesen und *1000 Wege führen nach Rom ...*

- Was ist wirklich der Auslöser dafür, das man die Akten in meinem Fall immer wieder schließt ? Gibt es da vielleicht noch andere Gründe, von denen ich nichts weiß ?

- Wann fängt man endlich konsequent an, das Internet gegen Cybercrime sicherer zu machen ?

- Was wäre geschehen, wenn meine Verlobte diese Tortouren nicht überstanden hätte und wer hätte das verantworten wollen wenn sie gestorben wäre ? Wie hätte dann der Rattenschwanz ausgesehen ?

- Warum kommt das kriminelle Gesindel nicht an meine Tür und spricht offen und ehrlich mit mir ? Gerne auch gleich zusammen mit den Ermittlungsbehörden :)

- Wer rehabilitiert mich endlich mal und wer kommt für den verursachten Schaden auf ? Nicht nur mein persönlichen Schaden, sondern auch den, das sich jetzt da draußen das kranke Gesindel irgendwo die Hände reibt und sich bei weiteren Straftaten dieser Art, sicher fühlen kann.

- Wann werde ich mal erfahren wer und was so alles hinter meinen Rücken für einen Mist über mich und meine Verlobte erzählt, so das man mich nicht mal mehr dann will, wenn ich meine Erfahrungen in Form von Hilfe anbieten will. Gibt es irgendwo noch einen ehrlichen Menschen, der uns in Gesicht sehen kann und tacheles redet ?

- Wann wird es endlich Frieden geben ... ?

Ich hätte in diesem Buch noch viel mehr ablichten, zeigen und vorallem schreiben können, Material ist genug vorhanden, aber, wie bereits beschreiben, alles geht nicht und alles darf nicht. Ich habe alles was auf mich eingeschlagen ist, akribisch gesammelt und wie bereits beschreiben, sollte es irgendwann so sein, das mich diese feigen Psychopathen von hinten erschießen, oder sonst was mit mir anstellen, wird wie angekündigt, ein weiteres Buch erscheinen. *Frei nach einem alten Song der Rolling Stones : „War, children, it's just a klick away, … It's just a klick away, …"*

Aber irgendwann muss auch mal Schluss sein.

Vielen Dank für das Interesse und passen Sie in diesem Krieg bitte auf gut sich auf !

R.-A. Wolfgang Krause

<u>Aus Goethes Faust:</u>

Ja was man so erkennen heißt !
Wer darf das Kind beim rechten Namen nennen ?
Die wenigen, die was davon erkannt,
Die töricht g'nug ihr volles Herz nicht wahrten,
Dem Pöbel ihr Gefühl, ihr Schauen offenbarten,
Hat man von je gekreuzigt und verbrannt.

(Vers 586 ff)

11. Der Nachspann

Widmung:

- **An alle die es auch durch haben ...** Kommt zusammen, werdet laut, steht endlich auf und Wert Euch. Dieses Buch ist auch Euch gewidmet.

- **An alle die davon nichts wissen (wollen) ...** Informiert Euch ! Macht Eure Augen und Ohren auf, denn Ihr könntet die Nächsten sein.

- **An alle die weg geschaut, sich abgewendet und uns hinterher gespuckt haben ...** wertloses Pack, für Euch ist jedes Wort zu teuer ...

- **und an die Täter:** Man sieht sich :)

Es sind wenige Freunde geblieben, sehr wenige. Aber die, die es sind, gehört meine tiefste und herzlichste Verbundenheit, endloser Dank und Respekt. Weil das sind wirklich Freunde, alles andere ... ? Ich weiß nicht ! Das geht natürlich auch an meine Familie und besonders auch an meine derzeitigen Schüler und ehemaligen Schüler, die mich immer noch besuchen, oder Kontakt zu mir halten. Ich bin gespannt auf den Tag, wo sich das alles mal aufklärt und die Wahrheit ans Tageslicht kommt. Dann möchte ich nicht nur den Tätern ins Gesicht sehen, sondern vorallem auch denen, die gemeint haben, das ich das alles nur selbst inszeniere, damit ich meine Musik besser verkaufen kann, oder weil ich eben psychotisch bin ... Den ganzen Kram wieder und wieder aufarbeiten, war eine Tortour. Ich wünsche mir, das mein nächstes Buch ein neues Lehrbuch für Musik ist, oder ein Kochbuch, mit vielen feinen Rezepten meiner Geschwister ... :)

Bei Abgabe an den Buchverlag, am **Mittwoch, 22. Juli 2015,** wurden die Straftäter in meinem Fall immer noch nicht gestellt. Sachdienliche Hinweise können gerne bei der Staatsanwaltschaft in Kiel, oder natürlich an jeder Polizeidienststelle gemacht werden. Bei Ergreifung der Täter, wird an denjenigen eine Belohnung gezahlt, der Maßgebliches dazu beigetragen hat ...

Empfehlungen zum Thema Cybercrime etc.:

Wer einmal nachvollziehen möchte, wie so ein Fall ablaufen kann, der sollte sich unbedingt mal den Film **„Disconnect"** anschauen. Auch wenn ich nicht viel von „Hollywoods Wunderwelt" halte, dieser Film ist so realistisch, wie es selten einer war … ! Er ist tiefsinnig und beschreibt einen wichtigen kommunikationspsychologischen Effekt, der unabdingbar wichtig für unser Zusammenleben auf diesem Planeten ist, aber durch die Mangelkommunikation im Netz kaputt geht. Ich halte diesen Film für ein absolutes Muss in deutschen Schulen.

Bücher:

Dr. Manfred Spitzer: „Digitale Demenz", „Was ist Wahn", „Zum lernen geboren".
Thomas Grieser: „Mobbing macht doch jeder"
Silvia Hamacher: „Tatort Schule – Gewalt an Schulen" (Part 1 und 2)
Hans-Dieter Schwind: „Grundlagen Kriminologie"
Harald Welzer & Michael Plauen: „Autonomie, eine Verteidigung" sowie „Täter – wie aus ganz normalen Menschen Massenmörder werden".
Prof. Dr. Friedemann Schulz von Thun: „Miteinander Reden 1-3" u.v.m.
Dr. Manfred Lütz: „Irre ! Wir behandeln die falschen, …"
Karsten Koch: „Du Opfer kauf dir ein neues Leben"
Thomas Darnstädt: „Wenn die Justiz sich irrt" u.a.

Institutionen und Behörden:

DIVSI – Deutsches Institut für Sicherheit und Vertrauen im Internet. http://www.divsi.de
Deutsche Polizei: http://www.polizei.de/
Arbeiterwohlfahrt: http://www.awo.org/
Caritas: http://www.caritas.de/
Diakonie: http://www.diakonie.de/
Jugendschutz: http://www.jugendschutz.net